**좁고 깊게
산다는 것에
관하여**

좁고 깊게
산다는 것에
관하여

뉴욕의 도시 속 수도승
단다파니에게 배우는
우리 삶에서
정말 중요한 것을
찾는 방법

단다파니 지음
이소영 옮김

위즈덤하우스

이 책을 나의 구루이자
'데바 스승님'이라는 애칭으로 불리는
시바야 수브라무니야스와미Sivaya Subramuniyaswami께 바친다.

그분이 베푼 조건 없는 애정과 헌신이
이 책을 쓰게 만든 원동력이 되었다.
스승님은 나 자신을 알고 내 안의 신을 경험하는 데 필요한
가르침과 도구를 가르쳐주셨으며,
그 모든 것이 이 책 안에 담겨 있다.

차례

■ PART 1
좁고 깊게 산다는 것

PART 2
좁고 깊은 삶을 이해하는 도구, 마음과 인식

■ PART 3
좁고 깊은 삶에 도달하기 위한 도구, 집중과 의지

■ PART 4
좁고 깊은 삶의 방해물들 없애기

길의 시작점에 선 자의 태도로

속세와 격리된 하와이의 외딴 수도원에서 스승님과 함께 살았던 시간은 내 인생에서 가장 큰 축복의 시기다. 그곳에서 나는 좁고 깊게 사는 삶에 대해 정말 많은 것을 배웠고, 앞으로 배울 것이 훨씬 많다는 사실을 깨달았다. 스승님은 내 영적 성장을 위한 초석을 다져주셨다. 그분은 그 성장이 내 평생에 걸쳐 이루어질 것이며 자신이 그 시간 내내 곁에서 직접 지도하지 못할 것을 알고 계셨다. 슬프게도 내가 스승님 밑에서 배우기 시작하고 3년이 지난 뒤 그분이 세상을 떠나면서 그 예상은 현실이 되었다.

스승님이 떠난 지 7년이 흐른 해이자 수도원에서 수도승으로 산 지 10년이 되던 해, 나는 그곳을 떠나기로 했다. 과감히 세상으로 나와 뉴욕에서 도시 속 수도승으로 살기로 한 것이다. 힌두교의 수도승들은 보통 사람들처럼 결혼하고 일하며 속세에서 수행하는 것이 가능하기에 나 역시 세상에 나갈 준비를 했다.

글로벌 금융위기가 절정으로 치닫던 2008년 하반기에 나는 승복 두 벌과 현금 1000달러, 맥북 프로 한 대를 들고 수도원을 떠나 뉴욕으로 향했다. 현금과 맥북은 내가 세상에 나가 새롭게 시작하는 데 보탬이 되도록 수도원 동료들이 준비한 애정 어린 선물이었다. 물리적 소유물은 몇 개 없었지만 스승님께 수많은 가르침과 도구를 물려받았다. 스승님은 내가 영적 성장에 도움이 되는 사상과 도구를 이해하고 적용할 수 있도록 가르쳐주었다.

나는 스승님의 가르침이 내 인생의 다음 단계를 펼치는 데 필요한 전부임을 알았고, 수도원에서 통했으니 세상에서도 통할 것이라고 믿었다. 긴 세월에 걸쳐 입증된 그 오래된 가르침은 보편적 진리에 단단히 뿌리를 두고 있었다. 내가 어디에 있고 무엇을 하는지 등은 전혀 중요하지 않았다. 그 가르침은 나를 비롯해 이를 파악하고 이해하는 사람이라면 누구나 사용할 수 있다.

수도원을 방문하는 사람들은 수도승인 나에게 종종 이렇게 말하곤 했다.

"하와이의 고요한 수도원에 살면 수행이 그리 어렵지는 않겠어요."

그 말에 반박할 순 없었다. 수도원 생활은 매우 힘들었지만, 가르침을 실천에 옮기기는 분명히 더 쉬운 환경이었기 때문이다. 하지만 내가 그동안 스승님의 가르침을 실천하면서 얻은 경험과 결과에 비춰 볼 때, 수도원 밖 세상에서도 그 가르침이 통할 것이란 믿음에는 한 점의 의심도 들지 않았다.

세상에 나온 후 나는 학생, 직장인, CEO, 운동선수를 비롯한 각계각층의 사람들에게 조언자 역할을 하며, 그들이 자신이 원하는 것을 찾아 좁고 깊은 삶을 살도록 돕기 시작했다. 하지만 올바른 조언자가 되려면 스승님의 가르침을 먼저 나 자신의 삶에 성공적으로 적용할 수 있어야만 했다. 그래서 나는 나의 성장과 환경 변화에 따라 가르침을 실천하는 방식도 끊임없이 다듬어나갔다.

수도원을 떠난 지 10년이 훌쩍 넘은 지금, 나는 내가 받은 가르침이 수도원 안에서와 마찬가지로 담장 바깥에서도 역시 잘 통한다고 자신 있게 말할 수 있다. 나의 이런 믿음은 전 세계 수많은 사람들이 이 가르침으로 자신의 삶이 어떻게 변화했는지에 대한 증언을 쏟아낼 때마다 더욱 단단해졌다. 그 가르침은 늘 그래 왔듯 지금도 잘 작동한다.

이 책에서는 좁고 깊은 삶을 살기 위해 내가 스승님으로부터 배운 기초적인 훈련법과 함께 가르침, 통찰력, 도구를 소개한다. 또한 내가 스스로 개발하고 10년 넘게 속세에서 지내는 동안 내 삶에, 그리고 전 세계 수천 명의 사람들을 훈련하는 데 실제로 적용하면서 다듬어온 방법 몇 가지를 공유한다.

만약 내가 곧 죽을 운명이고 사람들과 단 한 가지만 공유할 수 있다면 그것은 다름 아닌 이 책에 담긴 내용일 것이다. 이 책은 내가 모두에게 바치는 가장 큰 선물이다. 좁고 깊은 삶을 사는 데 있어 이 가르침과 도구가 얼마나 중요한지는 아무리 강조해도 지나치지 않다. 가치 있는 결과를 얻으려면 이 가르침을 일상에서 꾸준히 실천하겠다는 강한 열망을 지녀야 한다.

이 책의 목표는 독자들을 온갖 도구 더미 속에서 허우적거리게 만들려는 것이 아니다. 나는 오히려 우리가 좁고 깊은 삶을 사는 데는 많은 도구가 필요하지 않다고 믿는다. 그런 삶에 도움을 주는 도구는 몇 가지면 충분하니, 그것들만 잘 이해한 후 꾸준히 적용하면 된다. 마법이나 지름길 같은 방법은 이 책에 없다. 그저 좁고 깊은 삶을 살기 위한 방법만 담겨 있을 뿐이다.

좁고 깊게 살기 위한 도구들은 내게 말로 다 헤아릴 수 없는 가능성을 열어주었고 상상할 수 없던 삶 또한 선물해주었다. 나는 이 책에서 그 삶이 주는 보상의 극히 작은 일부를 공유하려고 한다.

이 책의 가르침을 주의 깊게 읽어보고 이해하려 노력하라. 또한 삶에서 그 가르침을 실천하기 위해 끝없이 노력하라. 그 가르침은 분명 삶을 변화시킬 수 있다. 단, 그것을 실천에 옮길 경우에만, 그리고 삶에서의 변화를 진정으로 원할 때만 그렇다. 변화를 향한 강력하고 진실한 열망이 마음속에 없다면 이 책의 내용은 별 의미를 갖지 못할 것이다.

이 책을 읽기 시작할 때의 여러분은 부디 길의 시작점에 선 자의 태도를 취하기 바란다. 간절하고, 열정적이며, 배움에 열려 있고, 아는 것이 전혀 없음을 인정하는 겸허한 태도 말이다.

PART 1

___

좁고

깊게

산다는 것

CHAPTER 1

꼭 좁고 깊게 살아야 하는가

내가 누구인지, 어느 길 위에 있는지,
그 끝이 어디를 향하는지를 아는 것보다
더 중요한 것은 없다.
– 데바 스승님

좁고 깊은 삶을 살아야 하는 이유

수년 전 토론토에서 열린 한 행사에서 연설을 끝낸 뒤 나는 미국의 패션 디자이너이자 기업가인 마크 에코Marc Ecko와 함께 무대 뒤편에 서 있었다. 그도 막 발표를 마친 터였다. 나는 그와 대화를 나누던 중 일에 대한 그의 통찰을 엿볼 기회를 잡았다. 그 당시 나는 막 세상에 나온 상태였기 때문에 사람들에게서 최대한 많은 것을 배우려는 열정이 있었다. 그래서 처음 만난 그에게 물었다.

"수도승이지만 뉴욕에서 살며 일하고 있는 저에게 한 가지 조언을 한다면 어떤 이야기를 해주시겠어요?"

그는 나를 보며 말했다.

"좁고 깊게 바라보세요."

그는 잠시 멈추었다가 반복했다.

"좁고 깊게 바라보세요. 성공할수록 많은 일을 하고 많은 기회를 잡고 싶은 유혹에 직면할 겁니다. 이때 실패하기 쉽습니다. 좁고 깊게 바라보세요."

그의 조언은 내게 엄청난 도움이 되었다. 좁고 깊은 삶을 사는 것은 내가 가르치는 주제이자 지향하는 대상이지만, 그의 말은 내 삶에서 사실로 증명되었다. 세월이 흐르면서 나는 많은 제안을 받았고 그중 몇 가지는 절실히 잡고 싶었다. 그때마다 내가 하고 싶은 것에 집중해야 함을 상기하면서 "좁고 깊게 바라보라"라고 조용히 되뇌곤 했다.

이 책은 우리가 좁고 깊게 살아가야 하는 이유와 그 방법으로 마음을 사용하는 법을 알려준다. 나는 마음이 작동하는 방식을 이해하기 위한 단계별 과정을 공유하려 한다. 이를 통해 여러분은 마음을 다스리고 지휘하는 법을 배울 수 있다. 더불어 마음을 다스리는 데 도움이 되는 간단하고 실용적이면서 매우 효과적인 도구들을 공유할 것이다. 성취하고자 하는 목표를 향해 끊임없이 나아가려면 그 도구들을 일상에서 어떻게 쉽고 꾸준히 사용해야 하는지를 배우게 될 것이다.

이 책을 끝까지 다 읽고 나면 그 도구들 중 어느 하나에라도 통달하게 되리라 기대하지 말라. 그것들이 어떻게 작동하며, 그것들을 삶의 모든 측면에 실제로 어떻게 활용할 수 있는지를 깊이 이해하는 것으로 충분하다. 더 중요한 것은 그다음이다. 앞으로 몇 주 혹은 몇 달 동안 그 도구들을 얼마나 꾸준히 활용하느냐에 따라 실제로 얼마만큼 많은 이득을 얻을 수 있을지가 결정된다. 충분히, 또 꾸준하게 활용한다면 마침내 정신 패턴과 습관 패턴이 변화하기 시작하고, 당신은 당신 자신을 위한 다른 생활방식을 만들 수 있을 것이다.

사람들은 대부분 행복, 만족, 깨달음과 같은 감정을 경험하고 싶어 한다. 하지만 그런 삶을 만드는 열쇠가 좁고 깊게 사는 것이라는 사실을 배우지 않았기 때문에 그들은 거기에 도달하는 법을 알지 못한다. 하물며 좁고 깊게 살기 위한 도구로 마음의 힘을 이용하고 활용하는 방법에 대해서는 전혀 모른다.

그렇다면 여러분의 마음속에선 이런 질문이 이어질 것이다.

'꼭 좁고 깊게 살아야 하는가?'

내 대답은 '아니다'이다. 반드시 좁고 깊게 살아야 할 필요는 당연히 없다. 좁고 깊게 사는 것은 선택이며, 우리 모두에게는 그런 삶을 원하거나 원하지 않을 선택권이 있다. 다만 좁고 깊게 사는 것은 당신이 더 보람된 삶을 살도록 돕는다.

좁고 깊은 삶이란 무엇일까? 그것은 누구 혹은 무엇에 몰두하든지 주변의 필요 없는 것을 버리고 그 대상에 온전한 관심을 쏟는 삶이다. 이때 당신은 크고 중대한 삶의 목적에 근거해 집중할 대상을 의도적으로 선택하고, 선택한 모든 경험에 완전히 몰두하며 진정으로 보람된 삶을 만들어갈 수 있다.

이 책의 궁극적인 목표는 당신이 원하는 것을 향해 좁고 깊은 삶을 살도록 돕는 것이다. 이 책을 읽는 이유가 당신 내면의 어떤 속삭임 때문이기를 바란다. 좁고 깊게 살면 삶에 더 커다란 의미가 생길 것이라는 목소리 말이다.

우리는 스스로 결정해야 한다

우리는 자신이 원하는 것을 향해 좁고 깊게 사는 삶을 선택할 수 있다. 이 선택은 언제나 쉬운 것이 아니고 때로는 극히 어렵기까지 하지만, 여전히 선택권은 우리에게 있다.

나는 수도원에 있을 때 모리셔스라는 섬나라에서 온, 항상 미소 짓고 있는 한 남자를 만났다. 당시 그는 수도원에서 몇 달간 머물며 말하자면 인턴 생활을 하는 중이었다. 어느 날 나는 그에게 물었다.

"당신은 항상 웃고 있군요. 어떻게 그럴 수 있는 건가요?"

그는 나를 바라보며 말했다.

"제 아버지는 제가 어렸을 때 돌아가셨습니다. 어머니께서는 저와 제 형제들을 홀로 키워야 했고, 살림은 매우 어려웠죠. 매일 아침 어머니는 저희를 깨워 한 줄로 세운 다음 5분 동안 저희 모두를 웃게 하셨어요. 저희는 그렇게 하루를 시작했죠."

그 이야기가 내 인생에 어떤 영향을 주었는지는 말로 표현할 수조차 없다. 남편을 잃고 자녀들과 자신을 부양해야 하는 처지에 놓인 그의 어머니는 하루를 어떻게 시작할지, 또 아침 일찍 아이들의 잠재의식에 가장 먼저 어떤 인상을 새길지를 스스로 선택했다. 자신의 행동에서 일어난 물결이 아들의 마음속에서부터 지구 반 바퀴를 건너 하와이로 퍼져 나가 언젠가 책에까지 실리게 될 줄 그녀는 몰랐을 것이다.

넬슨 만델라Nelson Mandela는 27년을 감옥에서 보냈지만 결국 석방되어 남아프리카공화국의 인종차별 정책을 무너뜨리고 대통령이 되었다. 이 사실은 감옥에 있는 동안 마음속으로 무엇에 깊게 집중할지를 선택한 사람이 주는 훌륭한 교훈이다.

이 두 사람은 자신의 마음을 다스리고 삶에서 깊게 집중할 대상을 선택했다. 우리가 어떤 대상에 깊이 집중할지를 주변 환경이 결정하게 두어서는 안 된다. 만약 그렇게 내버려둔다면 그 결과는 참담할 것이다. 우리에겐 자신이 삶에서 무엇에 집중할지를 스스로 결정할 책임이 있다. 그 일은 그저 마음에만 맡겨도 될 일이 아니다. 마음에는 우리에게 무엇이 도움이 되고 무엇이 그렇지 않은지를 구별할 능력이 없기 때문이다.

만약 나에게 무엇이 도움이 되는지를 내 마음이 알고 있다면 내겐 아무런 문제나 갈등이 없을 것이다. 예를 들어 내가 감자튀김을 집어들 때마다 내 마음은 이렇게 말하곤 했다.

'감자튀김은 세 개만 먹고 샐러드를 한 접시 먹어. 그게 몸에 더 좋아.'

하지만 내 마음 한쪽은 동시에 이렇게도 말했다.

'그래, 일단 시켜. 감자튀김에 케첩도 좀 뿌려봐. 그럼 진짜 맛있거든. 그리고 이 양파튀김도 좀 먹어.'

마음은 우리에게 도움을 주거나 해를 끼치는 것이 무엇인지 전혀 모른다. 그 둘을 구별하도록 훈련하기 전까지는 말이다. 바꿔 말해 무엇이 자신을 신체적, 정신적, 정서적, 영적으로 성장시키는지를 현명히 판단하게끔 마음을 훈련하고 프로그래밍하면 삶에서 더 나은 선택을 할 수 있다.

흡연이 몸에 이롭다고 여겨지던 시절이 있었다. 사람들은 이 생각을 믿었고 흡연이 몸에 좋다고 마음속으로 되뇌며 죽을 때까지 담배를 피웠다. 흡연이 몸에 해롭다는 것은 오늘날 상식이 되었는데, 만약 마음이 이 사실을 미리 알고 있었다면 이렇게 말했을 것이다.

'이 바보야! 흡연은 사람을 죽음에 이르게 할 만큼 해로 워. 그만해. 안 그럼 우리 둘 다 죽게 될 거야.'

하지만 마음은 그렇게 말하지 않았다. 흡연의 해로움을 알지 못했기 때문이다. 올바른 정보가 입력되지 않는 한, 마음은 우리를 올바른 방향으로 이끌 능력이 없다.

그런데 마음에는 입력되는 정보 없이도 우리에게 무엇이 도움이 되는지 알고 있는 부분이 있다. 마음의 이 부분을 초의식이라고 부른다.

마음의 세 가지 영역

마음에는 몇몇 영역들이 있다. 이 책에서는 그 영역들에 대해 깊이 설명하지 않겠지만, 각 영역에 대한 간략한 소개는 하려 한다. 마음의 영역에 대한 이해는 이 책 전반에 걸쳐 이야기하는 많은 깨달음을 뒷받침해줄 것이기 때문이다.

마음은 의식, 잠재의식, 초의식이라는 세 가지 영역으로 나뉜다. 이 분류를 더 잘 이해하려면 마음을 3층짜리 건물이라고 상상해보면 된다. 초의식이 맨 위층에, 잠재의식이 가운데, 의식이 맨 아래층에 있다고 상상하자. 그리고 각각의 영역은 어떤 특징을 지니는지 살펴보자.

의식은 우리 주변 세계를 향하는 외적인 마음이며 오감과 관련이 있다. 이 영역은 우리의 본능적인 부분이므로 종종 본능적 마음이라고도 불린다. 예컨대 배고픔이나 갈증,

기본적인 지각 및 운동 능력, 생식, 충동적 사고 과정 등을 통제하는 부분이 바로 의식이다.

잠재의식은 우리의 지적인 마음으로, 이성과 논리적 사고가 이뤄지는 곳이다. 이 영역은 인간의 '하드드라이브'라고 말할 수 있다. 의식이 겪는 모든 경험을 기록하고, 인상과 습관 패턴을 저장하며, 무의식적 생리 과정을 통제하기 때문이다.

초의식은 데바 스승님의 표현에 따르면 '빛의 마음, 모든 것을 아는 영혼의 지성'이다. 가장 깊은 수준의 초의식은 영적 의식이라고도 표현할 수 있다. 초의식은 창의력, 직관, 심오한 영적 경험 등의 원천이다.

이러한 영역들로 구성된 마음을 3층 건물에 비유해 상상해보면 다음과 같은 결론을 도출할 수 있다. 잠재의식에 어떤 생각을 새기려면 그 생각은 우선 의식을 통과해야 한다(1층을 통과해야 2층에 도달할 수 있다). 초의식에서 나오는 직관은 잠재의식을 지나야만 의식에 도달하여 우리가 알아차릴 수 있다. 그러니 만약 잠재의식 영역의 상태가 어지럽고 혼란스럽다면 직관이 그곳을 지나기가 어려울 것이다.

마음의 세 가지 영역 중 오직 초의식만이 무엇이 우리에게 도움이 되는지 알고 있다. 초의식은 모든 것을 아는 영혼의 지성이기 때문이다. 그런데 바로 이 점이 문제가 된다. 사람들은 대부분 의식과 잠재의식에 따라 움직이고, 초의식에서 나오는 직관적인 지혜는 이따금씩만 번뜩이기 때문이다.

아무런 훈련이 없다면 잠재의식은 기본적으로 무엇이 우리에게 도움이 되는지를 전혀 모른다. 훈련을 하려면 우선 전반적인 마음을 잘 이해하고 통제할 줄 알아야 한다. 그런 다음 올바른 정보를 수집하고 소화하여 또렷한 결론을 찾아낸 뒤, 그것을 체계적인 방식으로 잠재의식에 입력할 수 있어야 한다. 그렇게 할 때에만 잠재의식은 그것을 이용해 우리를 올바른 방향으로 이끌고, 그럼으로써 우리의 큰 자산이 된다. 또렷해진 잠재의식이 초의식과 조화를 이루어 작용할 때 우리는 엄청난 힘을 누릴 수 있다.

오늘날 매일 우리를 덮치는 정보의 쓰나미는 잠재의식의 바로 그러한 특징을 망가뜨린다. 잠재의식은 정보를 소화하지 못해 천천히 죽어가고 그에 따라 어떤 결정조차(심지어 단순한 결정도) 내릴 수 없는 상태, 혼란, 지나친 생각, 불안, 스트레스 등을 초래한다. 우리는 며칠 굶주린 사람이 음식을 먹는 것보다 더 빠른 속도로 정보를 소비하며 살고 있다. 하지만 그 정보들을 처리하고 또렷한 결론을 도출하는 중요 단계를 거칠 충분한 시간은 갖지 않고, 그 때문에 잠재의식은 점차 약해진다. 단순한 결정도 내리지 못하거나 삶에서 무엇을 원하는지조차 모르는 이가 점점 더 많아지는 것은 이 때문이다.

하루 중 어느 시점에든 우리의 인식은 이러한 마음 영역들 중 하나의 힘으로 기능한다. 살면서 겪는 경험에 어떻게 행동하고 반응하는지는 자신의 인식이 마음의 어떤 영역에 있느냐에 달려 있다. 결국 중요한 것은 인식을 마음속 어느 곳으로 보낼지 스스로 결정할 수 있어야 한다는 것이다.

자신의 삶을 책임지려면 삶의 성패를 주변 환경, 또는 어림도 없는 '우주'에 맡겨서도 안 된다! 나는 "우주가 나를 인도해줄 거야"라고 말하는 모든 사람들에게 장담할 수 있다. 목성, 명왕성, 천왕성은 그들의 복잡한 삶을 어떻게 풀어나갈지에 대해 전혀 고민하지 않고 있다고 말이다.

마음은 도구다. 그 도구를 어떻게 사용할지는 우리에게 달렸다. 우리는 그것이 어떻게 동작하는지 이해하고, 그것을 잘 활용해 자신이 원하는 삶을 만들어가는 데 집중해야 한다.

인생에서 이러한 가르침을 더 일찍 얻을수록, 그 내용을 삶에 적용하여 이득을 거둘 시간 또한 더 많이 주어진다. 살날이 10년밖에 남지 않은 사람이라 해도 여전히 이 가르침을 활용해 인생에서 가장 놀라운 10년을 살 수 있다. 이 가르침은 우리가 스스로에게 줄 수 있는 가장 위대한 선물이자 다른 사람에게 줄 수 있는 훌륭한 선물이다. 자신을 성장시켜 더 나은 사람이 될 때 자신과 연결된 모든 사람들이 함께 성장할 수 있기 때문이다.

수도원에 들어간 지 몇 달이 지났을 무렵, 가족들과 오랫
동안 이야기를 나누지 못했다는 사실에 몹시 서글퍼졌던
기억이 있다. 가족들이 너무나 그리웠지만 어찌할 방도가
없었다. 출가해서 속세와 동떨어진 수도원에 산다는 건 이
전에 알던 사람들과 더는 연락하지 않는다는 것과 동일한
의미였다. 나는 데바 스승님을 찾아가 이런 내 감정을 이야
기했다.

"스승님, 전 정말 슬픕니다. 가족들이 너무 그립고 친구들
과 친척들이 보고 싶습니다. 가끔은 수도원의 삶을 선택한
것이 이기적일 수도 있다는 생각을 떨칠 수가 없습니다. 그
들이 도움을 필요로 할 때 그 옆에 없어 미안하다는 생각도
듭니다."

스승님은 언제나 그랬듯 온전히 주의를 기울여 내 이야
기를 지긋이 듣더니 흥미로운 행동을 했다. 책상 위의 화장
지 갑으로 손을 뻗어 화장지 한 장을 뽑은 것이다. 그것을
탁자 위에 평평하게 펼치고선 이렇게 말했다.

"너는 이 가운데에 있다. 네 아버지는 이쪽 모서리에 있
지. 또 네 어머니는 이쪽 모서리, 네 형제는 저 두 모서리에
각각 있단다."

이어 스승님은 화장지 가운데를 잡은 뒤 천장을 향해 들
어 올리기 시작했다.

"가운데에 있는 네가 위로 올라가면 나머지 모두에게 어떤 일이 일어나는지 보렴. 모두가 함께 올라가고 있는 게 보이니?"

스승님이 화장지 가운데를 계속해서 들어 올리자 네 모서리 모두가 책상 위로 떠올랐다.

"네 에너지는 네 인생에서 중요한 모든 사람과 연결되어 있단다. 네가 성장하면 그들 모두가 함께 성장하지. 그러니 자신을 발전시키는 데 시간을 쏟는 일은 이기적인 게 아니란다."

스승님의 말은 내게 단순하면서도 매우 뜻깊은 교훈을 주었다. 더 나은 사람이 되기 위한 노력은 내 삶뿐만 아니라 내 주위 모든 사람에게 영향을 미친다는 이 교훈은 내 마음속에 지울 수 없는 강렬한 인상을 남겼다.

그렇기에 우리에게 삶은 그 자체로 충분한 이유가 된다. 저마다 자신의 삶을 충실히 책임져야 하는 이유, 그리고 자신에게 가능한 최고의 삶을 살아야 하는 이유 말이다.

LESSON · 3

열망, 좁고 깊은 삶을 살기 위한 기초

꺼지지 않는 열망 없이는 아무것도 이룰 수 없다. 20세기의 신비주의자인 나폴레온 힐Napoleon Hill은 그의 책《생각하라 그리고 부자가 되어라Think and Grow Rich》에서 이렇게 말했다.

"새롭고 더 좋은 것을 요구하는 이 시대의 이면을 들여다 보면 성공하기 위해 반드시 갖춰야 하는 단 한 가지 자질이 있는데, 바로 **목적의 명확성**이다. 즉, 자신이 무엇을 원하는지 알고 그것을 성취하고자 하는 불타는 열망을 갖는 것이다."

자신이 무엇을 원하는지 알고 그것을 성취하려는 열망을 가져야 한다. 원하는 것을 이루는 좁고 깊은 삶을 살고 싶다 는 마음이 확실하다면 그 다음으로는 이런 질문이 이어진다. 얼마나 절실하게 열망하는가? 이 질문은 우리가 추구하는 모든 것에 적용된다.

라이트 형제는 하늘을 날기를 열망했다. 에디슨은 자신만의 수단으로 밤을 밝히기를 열망했다. 에드먼드 힐러리 경Sir Edmund Hilary과 셰르파인 텐징 노르게이Tenzing Norgay는 에베레스트 정상에 오르기를 열망했다. 로자 파크스Rosa Parks는 동등한 권리를, 간디는 비폭력을 통한 독립을 열망했다. 이처럼 자신이 추구하는 바를 실현하는 데 온 열망을 쏟은 사람들은 역사 기록을 넘어서도 이어진다. 꺼지지 않는 열망의 힘은 모든 반대를 제압하고 어떤 장애물도 극복하게 만든다. 열망은 비평가와 불신자의 허황된 목소리를 잠재우는 소음기이자 모든 방해물을 가리는 장막이며, 궁극적으로 성공을 뒷받침하는 지고한 힘이다.

나는 아홉 살 때 스승님을 처음 만났다. 스승님과 두 번째로 만난 건 내가 스물한 살이 되던 해였다. 두 번째 만남에서 내가 스승님에게 가장 먼저 보여준 것은 내 삶의 목적인 참나깨달음Self-Realization을 향한 열망이었다. 나는 그분에게 내가 목적을 이루도록 나를 훈련시켜줄 수 있느냐고 물었다. 스승님은 내 눈을 똑바로 바라보며 물었다.

"그걸 위해 무엇을 할 각오가 돼 있느냐?"

나는 내 안에 가득 차 있는 확신으로 망설임 없이 대답했다.

"제 인생을 바칠 각오가 돼 있습니다."

사실 스승님이 내 말을 어떻게 생각하는지는 중요하지 않았다. 그 무엇보다 중요한 것은 내 열망과 각오였기 때문이다. 나는 내가 원하는 것을 이루기로 굳게 결심했기에 나를 도와줄 사람, 내 목표를 이루는 길을 확실히 알고 있는 사람이 필요했다. 나를 제자로 받아들일지 말지는 이제 스승님의 선택이었다.

그 후 몇 년 동안 스승님은 내 열망과 신념을 시험했다. 도전과 시험을 거듭하면서도 스승님 밑에서 훈련을 받고 참나깨달음을 추구하는 데 인생을 바치기로 한 내 다짐은 굳건했다. 3년 후 나는 참나깨달음을 좇아 스승님의 외딴 수도원에서 수도승의 삶을 살기 위해, 가족과 태어날 때부터 알아왔던 세상을 떠났다.

속세를 떠나는 일에는 내 가족, 친척, 친구 등 이전에 알던 사람들과 더는 소통하지 않는 것이 포함됐다. 음악, TV 프로그램, 음식, 술, 옷을 비롯해 내가 즐기던 것들은 이제 내 삶에 존재하지 않았고, 나와는 무관한 것이 되었다. 내 삶의 목적은 다른 모든 열망을 집어삼켰다. 이제 내 삶은 참나깨달음이라는 단 하나의 열망으로 집중되었다. 참나깨달음은 내가 지지하는 힌두 철학의 궁극적인 영적 성취다.

결국 모든 것은 자신이 원하는 바를 얼마나 간절하게 열망하느냐에 달려 있다. 열망의 강도는 목표를 위해 어느 정도의 각오가 되어 있는지, 어디까지 기꺼이 포기할 수 있는지를 결정한다. 내 경우에는 궁극적인 열망을 위해 내 인생을 기꺼이 바치려 했다.

그렇게 나는 삶의 다른 모든 것을 포기하면서 고독한 욕망을 추구하기로 했다. 그러나 솔직히 말해 내 길을 한 번도 의심하지 않은 것은 아니었다. 나는 나를 인생의 고통에 면역된 슈퍼히어로로 묘사하고 싶지 않다. 우리는 보통 자기가 깊이 존경하는 이를 완벽주의와 메시아적 자질의 사람으로 즐겨 묘사하곤 한다. 하지만 우리 모두는 인간이며, 그누구도 예외가 없다. 나는 무너지고, 울고, 실패하고, 흔들리고, 자포자기하고, 혼란에 빠지고, 스스로를 의심한다. 하지만 내 삶의 목적을 향한 길을 결코 포기하지 않았다. 열망은 내가 하는 일과 내 에너지가 어디에 집중되어야 하는지를 결정한다.

그런데 이런 길을 포기하고 싶단 생각을 한 번도 해본 적없다고 말하는 사람은 북극에 있는 열대 섬을 팔겠다는 이와다를 바 없다. 언젠가 나는 스파르탄 레이스Spartan Race(정신적강인함과 신체적 내구력 시험을 위해 고안된 군대식 장애물 경주—옮긴이)를 만든 조 드 세나Joe De Sena와의 대화에서 이런 질문을 한 적이 있다.

"그간 참가했던 장거리 지구력 경주들 가운데 중도에 그만두고 싶었던 것이 있었나요?"

이 질문을 듣자마자 그는 이렇게 대답했다.

"전부 그랬죠. 매 경기마다 그만두고 싶었으니까요."

나는 그 말이 그의 진심에서 우러나온 솔직한 대답임을 알 수 있었다.

불확실성이라곤 전혀 없이 완벽주의로 물든 삶을 묘사하는 것은 희망을 불러일으키기보다 고통 없이 성공할 수 있다는 거짓된 현실을 제시한다. 그 결과 많은 이들이 그러한 경지에 도달할 수 없는 자신의 무능함에 속절없이 실망하게 된다. 사실 사람들이 예찬하는 성공의 정점은 목표를 성취한 이들이 대부분의 시간 동안 기어오르려고 치열하게 애썼던 넓고 깊은 구렁의 일부분일 뿐이다. 물 위를 걷거나 바다를 가르는 식의 기적은 그 과정에 없었다. 좁고 깊은 삶을 향해 가면서 오르막보다 내리막을 더 많이 마주했던 그 여정에는 명확한 목표에 대한 꺼지지 않는 열망만이 굳건히 자리했을 뿐이다.

열망을 가지는 것, 그리고 그것을 이룰 수 있다는 믿음 외에는 그 어떤 것도 중요하지 않다. 단 하나의 열망을 품고 믿으면 결국 의심의 불씨가 꺼지고 열망을 실현하기 위한 길이 열린다.

결론적으로 우리는 정말 원해야만 한다. 자신이 추구하는 바를 진정으로 원해야 하며, 그것을 결국엔 이루게 될 것이라고 온 마음으로 믿어야 한다. 더불어 이 열망이 실현되기까지는 수십 년이 걸릴 수 있으니 강한 인내력이 수반되어야 한다는 사실 또한 받아들여야 한다.

나폴레온 힐의 말을 다시 들어보자.

"옳건 그르건 간에 **믿음**과 **불타는 열망**이 있다면 이루지 못할 것은 없다. 이러한 자질은 모두에게 주어진다."

CHAPTER 2

좁고 깊은 삶을 향한 원동력

삶은 에너지를 어디에 투자하느냐에 따라
다른 모습으로 나타난다.
– 단다파니

첫 번째 원동력: 삶은 모름지기 즐거워야 한다

당신은 좁고 깊게 살고 싶은가? 그렇다면 그런 삶을 원하는 이유도 알고 있는가? 지난 40년 동안 그런 삶을 살기 위해 노력해온 과정에서 나는 좁고 깊게 살아야 하는 이유를 깨 닫기까진 일반적으로 세 가지 원동력이 작용한다는 사실을 알게 되었다. 행복, 목표 실현 그리고 죽음이 바로 그것이다.

첫 번째 원동력인 행복을 먼저 살펴보자. 언젠가 스승님 은 이렇게 말했다.

"삶은 모름지기 즐거워야 한다."

이 문장은 내게 깊은 감명을 남겼다. 그 문장을 들었을 때 나는 스스로에게 물었다. '그래, 삶이 즐겁지 말란 법이 있나?' 영적인 부분에 큰 관심을 기울이며 자란 나는 영적인 삶이란 곧 금욕, 박탈, 엄숙함, 규칙, 덕행, 제한 등으로 이루어진 삶이라는 보편적인 견해들을 수없이 접했다. 즐거움과 행복이라는 단어는 거의 듣지 못했던 것이다. 영적인 삶도 즐거울 수 있고 즐거워야 한다고, 삶은 모름지기 즐거워야 한다고 딱 잘라 말한 사람은 스승님이 처음이었다.

비참한 삶을 살고 싶어 하는 사람은 과연 얼마나 될까? 자기가 만들어낸 불행 속에서 살아가는 이들이 정말 많지만, 할 수만 있다면 혹은 그 방법만 안다면 그들 모두는 분명 즐거운 삶을 선택할 것이다.

삶의 목적을 완전히 명확하게 알고, 목적에 따라 정해지는 우선순위를 파악하며, 그 우선순위에 좁고 깊게 집중하며 살 때 얻을 수 있는 결실이 바로 즐거운 삶이다. 즐거운 삶과 비참한 삶 중 하나를 선택할 수 있다면 나는 전자를 고르겠다. 이에 대한 생각이 나와 같다면 이 글을 계속 읽어보자.

살날이 며칠밖에 남지 않았음을 알았을 때, 스승님은 곁에 모인 제자들에게 이렇게 말했다.

"나는 정말 멋진 삶을 살았다. 이 세상 무엇과도 바꾸고 싶지 않은 삶이었어."

죽어가는 사람에게서 이보다 심오한 말을 들을 수 있을까. 죽음의 순간에 자신의 삶을 돌아보며 멋진 삶이었다고 단언할 수 있다니, 이 얼마나 큰 축복인가.

　세상의 수많은 이 중 진심으로 그렇게 말할 수 있는 사람은 어느 정도나 될까? 대부분은 그렇게 말하지 못한다. 그들은 삶의 목적이 무엇인지 명확히 알지 못하고, 그 결과 우선순위(누가, 무엇이 중요한지)를 또렷이 알지 못하며, 따라서 무엇에 깊이 집중해야 하는지도 모른다. 즐거움과 행복의 한 가지 원천은 자신이 신중하게 선택한 경험을 비롯해 자신에게 진정으로 중요한 모든 대상들에게 온전한 관심을 쏟는 것이다. 그 결과는 자신에게 중요하지 않은 대상들에게 집중했을 때의 결과와 결코 같을 수 없다. 당신이 중요하지 않은 것에만 집중한다면 중요한 것에 집중하여 얻을 수 있는 만큼의 즐거움과 행복을 절대 경험하지 못할 것이기 때문이다.

　누구와 관계를 맺고 무엇에 초점을 두고 싶은지 명확히 파악하고 살아가다 보면 풍부하고 질 높은 경험을 얻을 것이다. 이러한 경험으로 생기는 부산물이 바로 행복이다. 왜 이것을 원하지 않는가?

　삶에서 집중해야 하는 대상(누구인지, 무엇인지)을 아는 것이 주는 가장 위대한 축복은 집중하지 말아야 하는 대상(누구인지, 무엇인지)을 알게 해준다는 것이다.

　사랑하는 사람과 함께 시간을 보내고 그들에게 집중할 수 있을 때, 행복감이 부산물로 생긴다. 좋아하는 일을 하며 시간을 보내고 그 일에 집중할 수 있을 때, 행복감이 부산물로 생긴다. 그렇지만 오직 행복만을 결과로 얻기 위해 사는 것은 불가능하다. 살다 보면 자신이 특별히 즐기지 않는 일이라도 필요에 의해 해야 할 때가 종종 있으니 말이다. 그래도 괜찮다. 그것이 삶의 현실이긴 하지만, 우리는 종합적인 결과가 분명히 행복인 삶을 만들려고 노력할 수 있기 때문이다.

어떻게 하면 좋아하는 일을 하면서 자신을 최대한 행복하게 만들 수 있을까? 정답은 '몰입하는 일을 완전히 경험할 수 있도록 매 순간 온 정신을 깊이 집중하는 것'이다. 그렇다면 어떻게 해야 온 정신을 현재에 집중할 수 있을까? 우리가 배워야 하는 것은 바로 그 방법이다.

현재에 집중하고 순간을 즐기는 것에 대해 이야기하는 사람은 많지만 그 방법을 알려주는 이는 거의 없다. 인식과 마음, 그리고 몰입하는 대상에 인식을 붙들어놓는 법을 스승님이 가르쳐줬을 때에야 나는 마침내 그 방법을 알게 되었다. 이후에는 내 경험들에 좁고 깊게 집중하면서 그것들로부터 최대한 많은 이득을 얻었고, 그 결과 내가 행복해졌음을 깨달았다.

나는 행복한 것이 좋다. 내가 더 좁고 깊게 집중할수록 현재의 경험에 더 몰두할 수 있고, 그 경험에서 더 많은 것을 얻으며, 그 결과는 더 큰 행복감으로 돌아온다. 이 사실은 내가 즐거운 삶을 꾸려나가게 하는 커다란 원동력이다.

두 번째 원동력: 에너지 투자법을 배워라

우리 모두에겐 삶의 목표와 꿈이 있다. 다만 그것들을 실현하는 일이 늘 어려울 뿐이다. 비전을 현실로 만드는 일에는 수많은 요소가 연관되어 있지만, 목표 실현에 반드시 필요한 기본 요소가 있다. 바로 에너지 관리다.

삶은 에너지를 어디에 투자하느냐에 따라 다른 모습으로 나타난다.

이 말을 이해하는 가장 좋은 방법은 물을 바라보는 것과 같은 방식으로 에너지를 보는 것이다. 물뿌리개로 화단에

물을 주면 잡초가 자랄까, 아니면 꽃이 자랄까? 정답은 둘 다다. 물은 잡초와 꽃을 구별하는 능력이 없기 때문이다. 화단에서 물을 맞는 식물은 그것이 무엇이 되었든 자라기 시작할 것이다.

에너지도 이때의 물과 정확히 같은 방식으로 작동한다. 내가 에너지를 투자하는 대상은 그것이 무엇이 되었든 성장하기 시작한다는 뜻이다. 긍정적인 대상에 에너지를 투자하면 그것은 더욱 긍정적인 무엇으로 자라나고, 부정적인 대상에 에너지를 쏟으면 그것은 더욱 부정적인 무엇으로 변화한다. 에너지에겐 긍정적인 대상과 부정적인 대상을 구별하는 능력이 없다. 내가 에너지를 투자하는 대상이 무엇이든, 그것은 점차 성장하여 내 삶에 모습을 드러내기 시작할 것이다.

지금의 나는 내가 여태까지 살면서 에너지를 투자한 모든 대상의 총합이다. 우리의 신체적·정신적·정서적 짜임새는 우리가 에너지를 의식적으로, 혹은 무의식적으로 투자한 결과의 부산물이다. 나 자신을 위해 신중하게 계획한 식단과 운동 루틴을 따르기로 결심하면 지금보다 건강한 신체를 만드는 데 에너지를 투자하게 된다. 긍정적인 말만 내 잠재의식으로 받아들이고 부정적인 말을 걸러내며 정신을 수양하겠다고 마음먹으면 지금보다 건강한 마음을 가꾸는 데 에너지를 투자하게 될 테고 말이다.

대개의 사람들은 자신이 매일 어디에 에너지를 투자하는지 잘 모른다. 주위를 둘러싼 소음에 휘둘려 삶의 우선순위가 뚜렷하지 않기 때문이다. 그런데 좁고 깊게 사는 법을 깨치고 나면 삶의 어디에 에너지를 투자해야 하는지 알게 된다. 이것이 좁고 깊게 사는 법을 배워야 할, 매우 중요한 또 다른 이유다.

세 번째 원동력: 죽음, 위대한 깨달음의 힘

우리 모두는 언젠가 죽음을 맞이한다. 이 사실은 어느 누구도 부정할 수 없다. 그리고 이는 좁고 깊은 삶을 살게 하는 가장 강력한 원동력이기도 하다.

죽음은 사람들 대부분이 꺼내고 싶어 하지 않는 주제다. 죽음에 대한 이야기는 많은 이들을 극도로 불편하게 혹은 두렵게 만들고, 어떤 이들에게는 격한 감정을 자극하기도 한다. 인간은 이 행성에서 아주 오랜 세월 동안 진화해왔고 각자의 고유한 경험들이 무수히 많지만, 출생과 죽음이라는 두 가지 강렬한 경험만큼은 모두가 공유한다. 비록 전자는 기억하지 못하고 후자는 두려워하지만 말이다.

죽음은 아마 당신에게도 꽤 불편한 주제일 것이다. 그렇다면 달라이 라마는 죽음에 대해 어떻게 말했는지 들어보자.

"죽음을 분석하는 이유는 두려움 때문이 아니라 이 소중한 삶에 감사하기 위해서다."

누구든 언젠가 죽는다는 사실을 받아들이면 삶의 소중함을 깨닫게 된다. 죽음은 두려워할 대상이 아니라 이 세상에서 살아가는 우리 존재의 자연스러운 부분들 중 하나로 받아들여야 할 현상이다.

우리 모두는 자신이 아끼는 누군가의 죽음을 직간접적으로 경험한다. 사랑하는 사람을 잃는 것은 매우 충격적인 경험이다. 나도 안다. 스승님을 잃고 난 후 내 삶은 예전과 달라졌기 때문이다.

그러나 죽음에 관한 대화는 슬픔, 상실감, 두려움 등의 감정을 되살려내기 때문에 사람들은 그런 대화를 나누고 싶어 하지 않는다. 그리고 죽음과 연관된 이야기나 생각을 그렇게 꺼리다 보니 제대로 이해하지도 못하게 되었다. 대개의 사람들은 집이나 학교에서 죽음에 대해 배우지 못하고 자란다. 또 대개의 부모들은 이 주제를 둘러싼 지식이 부족하여 아이들에게 말해줄 게 없다고 느끼며, 흔히 죽음은 아이들을 겁먹게 만든다고 여긴다.

모든 종교나 철학은 죽음의 시점 이후에 일어나는 일을 각기 다른 관점으로 바라본다. 하지만 사실 그걸 확실히 아는 이는 아무도 없다. 죽어서 천국에 간 뒤 셀카를 찍고선 '천국에 있는 나'라는 문구와 '#천국의문'이라는 해시태그를 달아 인스타그램에 올린 사람도 아직까지 없지 않은가. 우리 모두는 죽음에 대한 자신만의 믿음이 있고 그것을 굳게 지킬 수 있지만, 그 누구도 진실이 무엇인지 모른다. 죽음에 가까운 경험을 했다 하더라도 사람들에게 증명하기는 힘들다.

스승님의 죽음은 내 인생에서 가장 참담한 경험이었다. 내가 사랑하는 사람도 언젠간 죽는다는 냉혹한 현실을 나는 그때 깨달았다. 언제가 스승님은 "무언가를 깨닫고 나면 그것을 깨닫기 전으로 돌아갈 수 없다"라고 했는데, 그 말처럼 무언가를 머리로 이해하는 것과 실제로 깨닫는 것은 완전히 별개의 경험이다.

옥스퍼드 사전은 깨달음realization을 '무언가를 사실로 완전히 알아차리게 되는 행위'라고 정의한다. 그런데 사람은 무언가를 경험하고도 그것이 무엇인지를 깨닫지 못할 수 있다. 예를 하나 보자.

줄리는 아버지의 죽음으로 엄청난 충격을 받았다. 그녀는 몇 달 동안 슬픔에 잠겨 있었고 몇 년이 지나서도 아버지를 깊이 그리워했다. 그렇게 아버지의 죽음은 그녀에게 감정적인 영향을 미쳤지만, 인생이 유한하다는 깨달음까지 주진 못했다. 줄리는 슬픔의 짐을 짊어지고 일상을 이어갔으나, 삶을 살아가는 방식을 바꾸진 않았다. 결론적으로 말해 그녀는 모두가 죽는다는 사실을 머리론 이해했으나 죽음의 현실까지 깨닫진 못했다고 할 수 있다.

무언가를 깨달으면 관점이 완전히 바뀌고 결과적으로는 삶의 경험에 반응하는 방식이 영구적으로 달라진다.

어떤 경험이 한 개인에게 얼마나 큰 영향을 미쳤는지는 그가 그 경험 이후 어떤 행동을 취하느냐를 근거로 알 수 있다. 변화가 전혀 없는 사람, 일시적 변화를 겪다가 고통이 줄어들면서 원래대로 다시 돌아오는 사람이 있는가 하면 예전과 전혀 다른 삶을 사는 이들도 있다. 이는 경험으로 얻은 깨달음이 그들을 새로운 삶의 방식으로 강하게 잡아끌기 때문이다.

스승님이 돌아가시고 나서야 나는 우리가 사랑하는 사람들과 우리 모두는 언젠가 죽는다는 사실, 또 이 행성에서 우리의 시간은 참으로 유한하다는 사실을 마음속 깊이 깨닫게 되었다. 그리고 이 경험을 통해 이후의 내 삶은 크게 달라졌다.

인생이 짧은가?

사람들은 흔히 "인생은 짧다"라고 되뇐다. 하지만 나는 이 말에 격렬히 반대한다.

커피 주문을 위해 한참 동안 줄을 섰는데 바로 앞사람이 주문하다가 잔돈을 찾느라 지갑을 뒤적거린다면 그 시간은 불과 1분이라도 길게 느껴질 수 있다. 비행기 이륙 전 계류장에서 '앞으로 30분 더 대기해야 한다'는 기장의 안내를 들으면 대개 기내에선 탄성과 불평이 한데 섞인 오케스트라 합주가 펼쳐진다. 대서양을 건너는 긴 비행이 이제 막 시작됐는데 내 품속 아이가 세상이 떠나갈 듯 울 때면 영겁의 시간이 무엇인지에 대한 심오한 영적 경험을 하게 된다. 교통 체증으로 꽉 막힌 도로에 세 시간 동안 갇혀 있다 보면 마치 서른 시간쯤 그곳에서 보낸 느낌이 들곤 한다. 그런데 어째서 1년이 길지 않은 시간이 될 수 있을까? "인생은 짧다"라는 말은 결코 사실이 아니다. 그러니 다른 사람들이 모두 그렇게 말한다는 이유로 아무 생각 없이 이 말을 반복하진 말자.

우리의 삶은 짧은 게 아니라 유한한 것임을 깨달을 때, 삶은 사실 꽤 길다는 것 또한 알게 된다. "인생은 짧다"라는 말을 "인생은 유한하다"로 바꿔보라. 인생에는 분명하고 확정적인 끝이 있다. 단지 그 끝이 언제일지를 우리가 모를 뿐이다.

많은 이들은 마치 영원히 살 것처럼 자신의 삶을 살아가고, 사랑하는 사람들 또한 영원히 살 것이라 생각한다. 솔직히 대개의 사람들은 자신과 사랑하는 이들 모두가 언젠가 죽는다는 사실을 외면한다.

다섯 살 난 딸을 바라보며 마음속으로 그 아이가 언젠가 죽을 거란 사실을 떠올리는 부모는 없다. 대부분의 부모는 자녀들을 바라보며 그들의 창창한 미래를 상상한다. 상상 속에서 딸은 10대가 되어 대학에 들어가고, 졸업 후 직업을 갖고, 결혼해서 아이를 낳고, 더 나이를 먹어 손주를 보고, 지금부터 아주 오랜 세월이 지난 후에야 세상을 뜬다. 그러나 불행히도 이런 상상이 항상 현실이 되는 것은 아니다. 죽기에 너무 어린 나이란 없기 때문이다. 청소년, 청년, 중년, 노인과 마찬가지로 아기와 어린아이 역시 죽을 수 있다. 인간은 어느 시점에서든 죽는다.

우리가 사는 이유, 그것을 알아내는 데 우선순위를 두도록 죽음은 우리를 몰아가고, 또 몰아가야만 한다. 왜 사는지를 알고 나면 삶의 우선순위를 결정할 수 있다. 그 우선순위는 삶에서 무엇에 집중해야 하는지를 알려주고, 이때 생기는 부산물로 우리는 충만한 삶을 살 수 있기 때문이다. 그러나 이런 삶에 이르지 못한 채 세상을 떠나는 이들이 너무나도 많다.

19세기 미국의 노예제 폐지론자이자 작가인 해리엇 비처 스토Harriet Beecher Stowe는 충만하지 않은 삶을 두고 다음과 같이 의미심장한 말을 남겼다.

"무덤 앞에서 가장 쓰라린 눈물을 흘리는 건 전하지 않은 말과 하지 않은 행동 때문이다."

삶에서의 우선순위와 죽음

우리는 죽음을 잘 이해하지 못한다. 게다가 죽음은 우리 대부분이 가까운 미래에 마주하거나 사랑하는 사람이 겪기를 바라는 경험이 아니다. 그래서 죽음에 대해 이야기하기를 꺼릴 뿐 아니라 이 주제를 회피하고 마음에서 밀어내려 한다. 하지만 그렇게 계속 지내다 보면, 우리의 삶과 생명은 무한히 이어질 거란 잘못된 감각을 갖게 된다. 그리고 문제는 바로 여기서부터 시작된다.

죽음이라는 주제를 어떤 식으로든 피함으로써 자신과 사랑하는 사람들이 영원히 살 것처럼 느낄 때, 우리는 우리에게 중요하지 않은 모든 것들을 자연스럽게 우선순위 목록의 맨 위에 올리고 중요한 것들을 아래로 밀어낸다. 그러고선 그 목록의 맨 위에 있는, 다시 말해 우리에게 덜 중요한 것들에 집중하며 산다. 이는 우리가 사랑하고 우리를 사랑해주는 사람들의 관용과 한계점이 그렇지 않은 이들보다 훨씬 깊고 높기 때문이다. 우리는 그들과의 사랑에 금이 가거나 그것이 깨지기 직전까지 그 사랑의 경계를 계속해서 넓힐 수 있다.

예를 들어 몇 주 동안 매일 직장에서 늦게 귀가하여 가족과의 저녁 식사를 계속해서 놓칠 수 있다. 몇 주는 분명 짧지 않은 기간이지만, 배우자가 그런 삶을 견디지 못하고 떠나가기까지는 훨씬 더 오랜 시간이 걸릴 것이다. 아빠로부터 맞았다 해도 일주일 뒤 아이는 "아빠, 사랑해요!"라고 말할 것이다.

사랑하는 사람들을 우선순위에서 밀어내고 관심을 쏟지 않는 이유는, 그렇게 해도 그들이 용인해줄 것이라고 믿기 때문이다. 그리고 그 결과, 그들에겐 에너지도 거의 집중되지 않는다. 그들은 영원히 내 곁에 있을 텐데 왜 지금 그들에게 집중해야 하는지 잘 이해되지도 않는다. 그들을 위한 집중은 나중에 해도 된다고 여겨지기 때문이다. 일이 안정된 다음에, 여유 시간이 더 생긴 다음에, 축구 경기가 끝난 다음에 말이다.

그에 반해 고객이나 동료를 비롯해 친분이 그리 있지 않은 사람들은 자신이 무시받을 경우 오랫동안 참고 기다려주지 않는다. 고객들로부터의 전화에 더 이상 답신하지 않으면 그들은 다른 사람에게 전화를 걸 것이다. 상사와의 식사 자리를 너무 자주 거절하면 바라던 승진을 하지 못할 수도 있다. 그런 사람들은 무관심에 대한 관용의 폭이 훨씬 좁거나 수용의 한계점이 낮다. 만약 당신이 그 경계를 너무 넓히려 들면 그들은 당신의 삶에서 아주 빨리 떨어져 나갈 것이다. 그렇기 때문에 그들은 종종 당신 삶의 최우선순위가 된다.

죽음, 즉 인생은 유한하며 우리 모두는 죽는다는 사실을 외면한다면 이 모든 이야기는 현실이 된다. 그러나 그 사실을 깨닫고 나면 무엇에 더 깊이 집중해야 하는지도 알게 된다.

나는 워크숍에서 종종 가상의 상황을 설정해 질문한다.

"누군가 이 강의실로 걸어 들어와 '이곳에 있는 모두는 3시간 뒤 죽을 것'이라 말한다면 여러분은 이 워크숍이 끝날 때까지 계속 남아 있겠습니까?"

슬프지만 전 세계에서 진행한 모든 워크숍의 참가자들 중 "네"라고 답한 사람은 단 한 명도 없었다. 대신 모두가 이렇게 답한다.

"당장 여기를 떠나서 제 배우자와 아이들을 보러 집으로 가겠어요."

그러면 나는 다시 이렇게 묻는다.

"여러분이 가장 좋아하는 가게에서 가장 큰 연간 세일을 하고 있다면 집으로 가는 길에 그곳에 들러 물건을 사시겠습니까?"

돌아오는 대답은 항상 "아니요"다. 나는 이어서 질문을 던진다.

"좋아하지 않는 사람으로부터 전화가 온다면 여러분은 그 전화를 받고 그 사람과 통화하시겠습니까?"

이번에도 대답은 "아니요"다. 나는 계속해서 묻는다.

"그렇다면 카페에 들러 20분 동안 줄을 서서 인생의 마지막 커피 한 잔을 사 드시겠습니까?"

또 한 번 여지없이 "아니요"라는 대답이 돌아온다.

시간이 줄어들면 무엇에 더 깊이 집중해야 할지가 명확해진다.

워크숍 참가자 중 자신에게 남은 시간이 3시간뿐이라면 무엇을 할 것인지에 대해 그 전까지 생각해본 적이 있는 이는 아무도 없었다. 하지만 내 질문을 받자마자 그들은 자신이 무엇에 깊이 집중하고 싶은지 즉시 알아차렸다. 이번 생애에 자신에게 남아 있는 시간이 얼마 없다고 생각하면 초점이 명확해진다. 내 삶에서 누가 또는 무엇이 중요한지, 그것들이 우선순위에서 몇 번째를 차지하는지 알게 되는 것이다.

"앞으로 30년 뒤 죽는다면 지금 이 워크숍을 떠나시겠습니까?"라고 내가 물었을 때 아무도 손을 들지 않았다. 나는 이어서 물었다. "20년 뒤 죽는다면 지금 이 워크숍을 떠나시겠습니까?" 몇 명이 손을 들었다. 그리고 내가 "5년 뒤 죽는다면 지금 이 워크숍을 떠나시겠습니까?"라고 다시 묻자 훨씬 더 많은 사람이 손을 들었다. 나는 마지막으로 질문을 던졌다. "3시간 뒤 죽는다면 지금 이 워크숍을 떠나시겠습니까?" 이때에는 강의실 안의 모두가 손을 들었다.

생의 남은 시간이 줄어들수록 그들은 자신에게 누가, 무엇이 중요한지를 점점 더 명확히 알아차릴 수 있었다. 남은 시간을 줄여가며 생각해보는 이 간단한 방법으로 그들은 자기 삶에서 가장 중요한 것들을 매우 빠르게 마음의 표면으로 끄집어낼 수 있었다. 그로써 삶의 우선순위는 순식간에 명백해졌다.

별을 보려면 반드시 어둠이 필요하듯, 죽음은 삶의 우선순위를 깨닫게 한다. 그리고 그 우선순위는 우리가 정말 중요한 것에 집중하는 좁고 깊은 삶을 살도록 만든다.

인생은 유한하다는 사실을 인식하고 삶에서 누가, 무엇이 중요한지를 정확히 알고 나면 생의 초점이 향해야 할 지점도 명확히 깨닫게 된다. 이 깨달음을 얻으면 삶을 바라보는 관점, 그리고 삶을 사는 방식이 달라진다. 진정한 우선순위에 집중하면 결과적으로 행복하고 충만한 삶을 살 수 있다. 이처럼 죽음은 삶에 엄청난 명확성을 가져다주며, 궁극적으로는 좁고 깊은 삶을 이끄는 가장 큰 원동력이 된다. 한번은 누군가 내게 이렇게 물었다.

"죽음에 대해 얼마나 자주 생각하시나요?"

나는 솔직하게 대답했다.

"사실 죽음에 대한 생각은 거의 하지 않습니다. 하지만 저는 매일 이 세상에서의 제 삶이 유한하다는 사실을 떠올립니다. 그렇기 때문에 제 삶의 우선순위에 집중해야 한다고 스스로에게 상기시키죠."

죽음과 멋진 삶

죽음은 어떤 삶을 살고 싶은가에 대해서도 생각하게 만든다. 삶의 마지막 날에 여러분은 자신의 삶을 되돌아보며 뭐라고 말할 것인가? 사람들은 보통 다른 이들이 자신의 삶에 대해 어떻게 말할 것인지에만 초점을 맞춘다. 하지만 다른 사람의 생각은 중요하지 않다. 타인에 대해 언제나 칭찬하는 사람이 있는가 하면 언제나 비난하는 사람도 있으니 말이다. 진정으로 중요한 것은 '자신의 삶에 대해 스스로 어떻게 말할 것인가'이다.

여러분은 훗날 자신의 삶을 되돌아보며 멋진 삶을 살았다고 또는 보람 있는 삶이나 충만한 삶을 살았다고 말할 수 있겠는가?

멋진 삶을 살고 싶다는 것은 이 세상 모두의 소망일 것이다. 나 또한 그렇다. 다만 내가 살고 싶은 멋진 삶은 다른 사람들이 보고 감탄하는 삶이 아닌, 나를 위한 삶이다. 나는 삶은 한 번뿐이고 내게 주어진 가장 소중한 선물이라는 사실을 늘 생각하며 움직인다.

자신이 믿는 철학, 종교, 신념과 관계없이 자신에게 허락된 삶은 오직 한 번뿐이라는 사실을 깨달아야 한다. 나는 환생을 믿지만, 그럼에도 나라는 존재의 삶은 한 번뿐이니 기왕이면 멋진 것이 되길 바란다. 데바 스승님이 종종 말했듯 "삶은 모름지기 즐거워야 한다!"

지금의 자신으로 사는 삶은 단 한 번뿐이다. 그러니 그 삶을 의미 있게 살라. 죽기 전 스스로 되돌아보면서 이렇게 말할 수 있도록 말이다.

"나는 정말 멋진 삶을 살았다!"

LESSON · 4

배움은 결국 실천을 위한 것이다

내가 이 책에서 소개할 도구에는 삶의 변화를 만들어내는 놀라운 능력이 있다. 이는 힌두교 수도승들이 이미 수천 년간 실천해오면서 증명해낸 사실이다. 그러니 이 도구를 올바르게 적용한다면 당신의 삶은 분명 달라질 것이다. 하지만 그런 결과는 이 도구를 자신의 삶에 꾸준히 적용할 때에만 가능하다. 그렇게 한다면 반드시 삶에서 더 많은 변화를 경험하게 될 것이라고 약속할 수 있다.

자기계발의 도구를 수집하는 사람은 이 세상에 매우 많다. 그들은 자기계발서를 끊임없이 읽고, 지식을 더 많이 습득할수록 한 사람으로서 더 성장하며 발전해나간다고 느낀다. 자기계발 도구에 관한 한 그들은 걸어 다니는 백과사전 이다.

하지만 세상의 모든 자기계발 도구는 삶에 올바른 방식으로 꾸준히 적용되지 않는 한 아무런 도움도 주지 못한다. 내가 소개하려는 도구 또한 마찬가지다.

실천의 법칙

앞에서 말했듯 마음은 우리에게 도움이 되는 것과 그렇지 않은 것을 구별할 능력이 없다. 우리 마음은 자기 파괴적 무지에 빠져 부정적인 결과를 불러오는 습관을 따르며 살아간다. 다행히 초의식은 모든 것을 알고 있고, 그래서 우리에게 도움이 되는 것과 그렇지 않은 것도 구별할 수 있다. 하지만 그러한 초의식을 제대로 활용하지 못한다면 아무런 이득을 얻지 못할 것이다.

만약 당신이 부정적인 행동, 즉 성장에 도움이 되지 않는 행동을 실천하면 그것에 아주 능숙해질 것이다. 하지만 긍정적인 행동, 즉 성장에 도움이 되는 행동을 실천하면 그것에 매우 능숙해질 것이다. 내가 말하는 '실천의 법칙'이란, 무엇을 실천하든 우리는 그것에 능숙해진다는 것을 의미한다.

언젠가 뉴욕에서 몇몇 저명인사들이 참석하는 저녁 식사 모임에 초대받은 적이 있다. 식사가 끝난 후 참석자들 중 한 유명 작가가 내게 다가와 인사를 했다.

"안녕하세요, 저는 ○○○입니다."

나는 대답했다.

"안녕하세요, 저는 단다파니입니다."

그는 즉시 이렇게 답했다.

"아, 아마 저는 당신의 이름을 금방 잊어버릴 거예요. 이름을 잘 기억하지 못하거든요."

그 말을 듣고 나는 속으로 생각했다.

'아무렴요. 항상 그렇게 스스로를 판단하실 테니까요.'

이름을 잘 기억하지 못하는 사람으로 스스로를 계속 단정하다 보면 실제 그렇게 된다. 자신에게 도움 되지 않는 행동이라도 그것을 반복하면 이내 그것에 능숙해지기 때문이다.

무언가를 실천할 때에는 두 가지를 반드시 지켜야 한다. 하나는 올바른 방식으로 실천하는 것, 다른 하나는 꾸준히 실천하는 것이다. 어떤 게 되었든 그것을 실천하면 할수록 더 잘하게 된다. 나쁜 기술을 실천한다면 결국 그 나쁜 기술을 더 잘 구사하게 된다.

언젠가 스승님은 내게 올바른 실천의 중요성을 일깨워준 적이 있다. 스승님은 10대였을 때 샌프란시스코 발레단의 수석 무용수였는데, 그 발레단에서는 혼자 하는 연습을 금지했다고 한다. 춤 실력의 향상에 도움이 되지 않는 동작을 반복해 그것에 능숙해지는 것을 방지하기 위해서였다.

무언가를 올바른 방식으로 실천하는 법을 배우고 나면 그 후에는 꾸준함이 중요해진다. 평범한 피아노 연주자가 되고 싶다면 나는 일주일에 한두 번 피아노 앞에 앉아 몇 분씩 연습을 할 것이다. 하지만 뛰어난 피아니스트가 되고 싶다면 아마도 매일 여덟 시간 이상씩 몇 달이고 연습해야 할 것이다. 그렇게 하면 6개월 후 나는 피아노를 더 잘 칠 테고, 1년이 지나면 실력이 꽤 괜찮아질 것이며, 2~3년 후엔 아마 훌륭한 피아니스트가 되어 있을 것이다. 피아노 연습을 올바른 방식으로 꾸준히 실천하는 것은 내가 원하는 결과를 얻는 데 도움이 될 게 분명하다.

이 책에서 소개하는 도구도 마찬가지라서, 올바른 방식으로 실천하기와 꾸준함이 결정적인 역할을 한다. 내가 가르쳐준 도구가 잘 통하지 않는다고 말했던 한 고객이 떠오른다. 그간 도구를 꾸준히 실행해왔냐고 내가 묻자 그는 그렇다고 답했다. 나는 뒤이어 물었다.

"그렇다면 도구의 세 가지 부분 모두를 실제로 적용하고 계신 건가요?"

그는 말했다.

"아니요, 가르쳐주신 세 가지 중 하나만 적용하고 있어요."

모든 재료를 사용하지 않고도 케이크를 성공적으로 구울 수 있다고 기대하지 말라. 어떤 도구의 사용법을 배웠다 한들, 그것을 정확히 따르지 않는다면 무슨 수로 자신이 원하는 결과를 얻을 수 있겠는가?

수도원에서 지냈던 시절, 나는 종종 내면의 문제에 직면해 이러지도 저러지도 못하곤 했다. 그때마다 나는 그 상황을 감당할 수 없어 스승님을 찾아가 내 정신적 불안에 대한 하소연을 풀어놓았다. 스승님은 언제나 온전한 관심을 기울여 인내심 깊게 공감하며 이야기를 들어주었다. 내가 그렇게 마음속 짐을 다 내려놓고 나면 그분은 이렇게 묻곤 했다. "내가 가르쳐준 도구를 적용하고 있느냐?" 나는 보통 "아니요"라고 대답한 다음 자리에서 일어나 그곳을 떠났다. 더 무슨 할 말이 있었겠는가? 스승님은 이미 내 불안에 대한 치료제를 처방하고 복용법도 알려주었는데 정작 나는 그 지침을 충실히 지키지 않았던 것이었으니 말이다. 모든 것은 내게 달려 있고, 그에 따른 책임이라는 짐 역시 예외가 아님을 나는 잊고 있었다. 그 책임의 수용을 거부할 경우엔, 그로 인한 결과가 고통스럽더라도 감수해야만 한다.

사람들은 새로운 도구와 기술을 익히는 것을 좋아한다. 하지만 그 즐거움이 사라지면 그 도구를 꾸준히 적용하는 것보다 '다음' 도구를 찾는 일이 더 쉽다고 생각한다. 사회에서 우리는 항상 기존의 물건을 새로운 것으로 바꾸도록 훈련받았다. 최신 휴대전화와 고해상도 TV, 새로운 모델의 자동차 등이 줄줄이 등장하는 이유다. 사회는 빛나는 모든 것을 사랑하지만, 그 빛이 조금이라도 바래면 한순간도 기다리지 않고 바로 다음 것으로 넘어간다.

이 책에서 소개하는 도구를 다루거나 무언가를 배우는 데 있어 진전을 이루려면, 앞서 예로 든 피아노 연습의 경우처럼 예술을 배울 때의 마음가짐으로 그 일에 임해야 한다. 몇 주 혹은 몇 달 안에 통달할 거라 기대해서는 안 된다. 그 어떤 분야의 예술들과 마찬가지로, 좁고 깊은 삶이라는 것 역시 '배우기'라는 첫 번째 단계와 '꾸준히 실천하기'라는 두 번째 단계를 거쳐야만 구현할 수 있다.

이 책을 끝까지 읽고 나면 모든 개념을 통달하게 되리라고 기대하지 말라. 이 과정은 짧지 않은 시간을 필요로 하고, 각 챕터와 레슨에 등장하는 개념을 반복해서 다시 읽어봐야 할 수도 있다. 그러니 이 과정을 평생에 걸친 일이라 여기며 자신이 변화하고 성장하는 모습을 애정과 인내심 어린 시선으로 너그럽고 부드럽게 지켜보라. 내가 알려줄 도구를 꾸준히 삶에 적용하면 몇 주 혹은 몇 달 사이에 변화가 일어나기 시작할 것이다. 스승님은 내게 항상 이렇게 말했다. "보상은 그것을 얻기 위해 쏟은 노력보다 훨씬 크단다."

성장을 위해 이 과정에 도전한다면 결코 후회하지 않을 것이다. 시간을 들여 노력할 만한 충분한 가치가 있다는 뜻이다. 그리고 그에 따를 결과는 더 성장하고, 더 집중하며, 더 많은 것을 이루기 위한 여정에서 여러분이 스스로에게 줄 수 있는 가장 위대한 선물이다.

나는 영화 대사의 인용을 그리 좋아하지 않지만, 이 책에 인용하면 좋을 TV 드라마 속 대사가 하나 있다. 넷플릭스 TV 시리즈인 〈마르코 폴로Marco Polo〉에서 눈먼 수도승인 '백안Hundred Eyes'이라는 캐릭터는 마르코 폴로에게 묻는다. 서방으로 돌아가게 된다면 "이름도 이상한 쿵푸功夫(중국어로 '어떤 경지에 이르기 위해 시간을 들여 배우는 것'을 뜻하는데 무술 혹은 실력을 의미하기도 한다—편집자)의 뜻을 뭐라 설명할 것인가?"라고 말이다. 이어 백안은 곧바로 이 질문에 스스로 대답한다. "쿵푸란 힘든 단련으로 얻은 지고의 기술이다. 위대한 시인은 쿵푸의 경지에 도달했고, 화가 등도 쿵푸를 지녔다고 할 수 있지. 요리사도, 계단을 비질하는 자도, 혹은 훌륭한 하인도 쿵푸를 연마할 수 있다. 연습, 준비, 끝없는 반복. 정신이 지치고 뼈가 아릴 때까지, 땀 흘릴 기력조차 없고 숨 쉴 힘조차 없을 때까지 어떤 일을 지속하는 것, 그것이 쿵푸를 얻는 유일한 방법이다."

할리우드 영화에나 나올 법한 대사처럼 여겨진다면, 맞다. 이 말을 인용한 이유는 좁고 깊은 삶을 가능케 해주는 도구인 '집중'이 일종의 기술이란 이야기를 하기 위해서다. 준비, 노력, 연습, 끝없는 반복을 수행할 의지가 있는 사람이라면 누구나 이 도구에 숙달될 수 있다. 그리고 이 책에서는 그림 그리기를 비롯해 요리하기, 계단 쓸기에 이르는 모든 일에서 집중을 실천하는 법을 배울 것이다.

끝없는 반복은 대다수까진 아니라도 많은 사람이 실패하는 부분이다. 내가 매우 자주 받는 또 다른 질문은 "다음은 뭔가요?"이다. 나는 거의 30년 전에 스승님이 알려주신 내용을 반복하여 실천하는 데 집중해왔다.

좁고 깊은 삶을 위해 많은 도구를 익힐 필요는 없다. 비결은 몇 가지 필수 도구를 익히고 숙달하는 데 있기 때문이다. 넓고 얕게 알아가는 것과 반대로 좁고 깊게 파고들라. 한 가지 도구를 경험하면 할수록 더 많은 것이 보인다. 다수가 "다음은 뭔가요?"라고 묻는 세상에 휘둘리지 말고 자신이 받아들인 도구를 숙달하는 데 집중하라.

반복을 통한 학습

나의 스승님은 사람들이 무언가를 배우려면 반복이 필요하다고 믿었고, 그러한 방식으로 수도원에서 나를 가르쳤다. 반복은 잠재의식을 프로그래밍하는 매우 효과적인 방법이기 때문에 반복의 여러 개념을 계속 이야기할 것이다. 우선 이와 관련된 한 가지 일화를 들려주겠다.

수도원에서 지내던 어느 날의 일이다. 나는 식당으로 걸어가고 있었는데, 갑자기 스승님이 다가와 무언가를 말한 뒤 바로 돌아서 가버리셨다. 나는 속으로 생각했다.

'어제도 그제도, 그리고 지난주에도 지금과 똑같은 말씀을 하셨는데…. 혹시 나한테 이야기했다는 사실을 잊어버

리신 걸까?'

당시 신참 수도승이었던 나는 혼란에 빠졌다. 그래서 한 선배를 찾아가 이 일을 이야기하며 물었다.

"스승님께서 나이가 드셔서 이미 그 말을 제게 몇 번이나 했다는 걸 기억하지 못하시는 걸까요?"

선배는 웃음을 터트리더니 이렇게 답했다.

"자네나 나나 그게 아니라는 걸 잘 알지 않나. 스승님의 기억력이 얼마나 대단한데. 다만 잠재의식에 인상을 새기려면 오랜 시간이 필요하다는 걸 알기 때문에 같은 말을 계속 반복하시는 걸세. 끊임없는 반복으로 자네의 잠재의식에 영속적인 패턴을 만들어내려 하시는 거지."

나도 이 책에서 스승님과 같은 접근법을 취하려 한다. 내가 똑같은 말을 반복해도 '이 얘기는 그만! 이미 알고 있다고!'라 생각하지 말아달라는 뜻이다. 사실 이런 생각이 든다는 건 아직 그 개념을 파악하지 못하고 있다는 의미이기도 하다.

스승님이 같은 말을 반복할수록 나는 더 많은 것을 배웠다. 스승님의 그런 반복은 내가 그 개념을 완전히 이해하지 못했기 때문임을 깨달은 뒤부터, 나는 스승님이 그 말을 하실 때마다 더욱 귀를 기울였다. 스승님의 이야기는 내 의식 속에 더 깊숙이 가라앉았고, 시간이 흐를수록 그 안에 담긴 깊은 통찰력도 더 많이 드러났다. 스승님의 가르침을 받은

지 수십 년이 지난 지금도 나는 '그걸 알고 있다'고 생각하지 않는다. 같은 메시지를 들을 때마다 통찰력의 또 다른 한 겹이 모습을 드러내기 때문이다.

개방적이고 호기심 어린 마음으로 이 책을 읽어나가라. 이 기본 개념을 깊이 고찰하다 보면 어느새 그 개념에 대한 이해가 깊어지고 그 안에 담긴 깊은 뜻까지 볼 수 있을 것이다. 올바른 자세로 이 책에 접근한다면 이 개념이 반복해서 등장할 때 이전에 놓쳤거나 완전히 이해하지 못했던 내용을 깨닫는 경험을 할 것이다. 이 개념은 처음에는 단순해 보일지 모르지만, 모든 깊은 진실이 그러하듯 완전한 이해, 그리고 궁극적인 경험과 깨달음까지는 몇 년이 걸릴 수 있다. 이 개념을 더 많이 이용하고 연구할수록 그 뜻을 더 잘 이해하게 되며, 그 결과 더 많은 이득을 얻을 것이란 의미다.

작은 걸음의 힘

줍고 깊은 삶으로 가는 여정이 처음에는 버겁게 느껴질 수 있다. 버겁다는 느낌은 보통 목표에 닿는 길이 보이지 않을 때 생기는 부산물이다. 이러한 명확성의 결여는 버거운 느낌 및 그에 뒤따르는 불안감을 부채질하고 결국엔 도전을 포기하게 만든다. 산 정상에 오르는 여정 역시 버거울 수 있지만, 그곳에 도달하는 길을 한 걸음 한 걸음 안내해주는 가이드가 있다면 모든 과정을 해낼 수 있다는 자신감이 생긴다.

줍고 깊은 삶을 향한 여정은 인내심을 갖고 체계적으로, 한 입 크기로 잘라 하나하나 소화해야 한다. 대다수 사람들이 삶의 많은 부분에 접근하는 방식을 나는 종종 피자 먹기에 비유하곤 한다. 라지 사이즈 피자를 한입에 구겨 넣고 삼키는 것은 찬찬히 씹으며 모든 감칠맛을 음미할 때의 느낌과 매우 다르다. 요즘 사람들에게 있어 무언가를 찬찬히 씹어 먹는 방식은 더 이상 매력적이지 않다.

많은 사람들이 모든 것을, 그것도 당장 손에 넣길 원한다. 우리는 참을성 없는 집단이고, 세월이 흐를수록 점점 더 그렇게 되어간다. 자기 주변의 세상, 자기 자신, 목표를 실현하고 성취하는 자기 능력에 대한 인내심은 계속 줄어들어 왔다.

우리의 조바심을 부추기는 데는 기술이 큰 몫을 했다. 기술은 우리가 원하는 것을 몇 초 또는 몇천 분의 1초 만에 우리 손가락 끝으로 전달해주었고, 그로써 우리가 무언가를 참고 기다리는 걸 어렵게 만들었다. 수천 킬로미터 떨어진 곳에서부터 내 눈앞의 휴대전화로 무언가가 전송되는 시간이 고작 몇 초 더 늘어날 경우에도 우리는 이내 시선을 다른 곳으로 돌린다.

기술이 주는 이러한 즉각적 만족은 삶의 다른 측면에서 있어서도 동일한 기대를 하게 만든다. 마음속에서 이러한 기대 패턴이 반복적으로 형성 및 심화됨에 따라 우리는 삶에서의 실망을 더욱 자주 경험하게 된다. 실망, 좌절, 우울은 기술이 제공하는 즉각적 만족을 삶이 결과를 내놓는 느긋한 방식과 구별하지 못하는 마음에서 태어난 아이들 중

일부다.

속세와 떨어져 있는 힌두교 수도원에서 영적 스승을 뜻하는 '아차리아Acharya'라는 칭호를 받으려면 약 36년간 금욕적인 수도승으로 살면서 엄격한 단련과 훈련을 거쳐야 한다. 그런데 오늘날의 요가 강사는 고작 200시간의 훈련 프로그램만 수료하면 되기에 기관총에서 발사되는 총알처럼 빠르게 양산된다. 체중 감량을 위한 주말 프로그램, 백만장자가 되기 위한 다섯 가지 비법, 자아 발견을 위한 일주일간의 침묵 수련회, 30일 만에 피아노 마스터하기 등 이 세상엔 빠른 성취를 미끼로 하는 거짓말들이 홍수처럼 끝없이 쏟아진다.

그간 "마음의 힘을 쓸 수 있게 되기까진 어느 정도 시간이 걸릴까요?"라는 질문이 내게 얼마나 많이 쏟아졌는지는 이루 말할 수조차 없다. 그리고 그 질문을 받으면 나는 보통 이렇게 답한다.

"그런 식으로 접근한다면 아마 아주 오랜 시간이 걸릴 겁니다."

이 책은 세상의 그러한 흐름과 정반대의 방식을 취한다. 속임수도, 간단한 팁이나 지름길도 없다는 뜻이다. 성공을 위한 버팀목은 오로지 꾸준함과 인내심에 전적으로 의존하는, 세월에 의해 이미 검증된 접근법이다.

좁고 깊은 삶을 살고 싶다면 기꺼이 시간을 들여라. 나는 빌 게이츠가 했던 다음의 말을 좋아한다.

"우리는 향후 2년 동안 일어날 변화를 항상 과대평가하고, 향후 10년 동안 일어날 변화는 항상 과소평가한다."

좁고 깊은 삶을 사는 법을 배우는 데 10년이 걸린다는 뜻으로 말하는 것이 아니다. 내가 말하려는 요점은 삶에서 지속 가능한 변화, 즉 마음과 삶의 방식을 재설계하는 변화를 만들어내려면 인내심을 갖고 현실적으로 충분한 시간을 그것에 할애해야 한다는 것이다.

그렇기에 우리는 좁고 깊은 삶을 살기 위한 여정에 시간이 걸린다는 사실부터 우선 받아들여야 한다. 그에 이어 인정하며 수용해야 하는 것은 그 여정에 접근하는 방식이다. 이것이 중요한 이유는 그 여정 자체가 매우 길어 버거울 수 있기 때문이다. 하지만 하나하나의 작은 걸음들이 그 여정을 가능케 한다는 점을 생각하면 그런 느낌도 매우 달라진다.

좁고 깊은 삶으로 가는 길은 긴 여정이라는 사실을 이해했다면 그다음으로는 그 길을 위한 준비를 해야 한다. 오랜 여정을 떠날 때는 정신적·감정적·신체적 준비가 필요하다. 에베레스트도 하루 만에 정복할 수는 없지 않은가.

앞서 이야기했던 드 세나와의 대화에서 나는 그에게 '그만두는 것'에 대한 후속 질문을 던졌다.

"경주 도중에 그만두고 싶다는 생각이 들면 어떻게 하십

니까?"

드 세나는 대답했다.

"'저 나무까지만 가면 돼'라고 스스로에게 말합니다. 내가 할 수 있다는 걸 나는 아니까요. 그 나무에 도착한 다음엔 '저 바위까지 가야겠어'라고 또 스스로에게 말하죠. 그렇게 계속 해나가다 보면 결국 결승점에 도달해 있더군요."

데바 스승님이 했던 다음의 말 역시 작은 걸음이 갖는 힘을 함축적으로 보여준다.

"벽돌로 만들어진 사원은 벽돌이 한 번에 하나씩 쌓임으로써 지어진다."

벽돌 하나, 벽돌 하나, 벽돌 하나…. 그렇게 몇 년을 쌓아 올리면 그 이후로 평생 유지되는 거대한 영적 성채가 완성된다. 수리야바르만 2세는 앙코르와트라는 세계 최대의 사원을 무려 30년에 걸쳐 만들었고, 이 사원은 완공 이후 거의 900년의 세월이 지난 지금까지도 여전히 우뚝 서 있다.

자연 또한 기꺼이 천천히, 작은 걸음으로 나아간다. 콜로라도강은 약 600만 년에 걸쳐 그랜드캐니언을 서서히 깎아 내림으로써 위대한 자연의 경이로움을 선사했다. 이 침식 작용은 매일 계속해서 일어나지만 그 정도가 매우 작아 인간은 알아채지 못한다. 우리는 대자연이 그런 일에 기울인 꾸준함과 헌신이란 공을 인정해야 한다.

대개의 사람들은 작고 꾸준한 걸음의 힘을 과소평가하지

만, 위대한 일은 작은 일에서부터 이어진다. 작은 일은 실행과 성취가 비교적 쉽다. 작은 걸음을 내딛거나 작은 목표를 세우는 데는 압박이나 부담이 따르지 않는다. 작고 꾸준한 걸음을 충실히 해나가며 지키는 것은 우리의 마음과 몸이 요구하는 바를 이해하고 사랑하며 공감한다는 표현이다.

영국의 기업가이자 인권 및 환경 운동가인 어니타 로딕 Anita Roddick은 재치 있게도 이렇게 말했다.

"자신의 존재는 너무 작아 별다른 영향력을 가지기가 어렵다고 여겨진다면, 방에 모기 한 마리를 두고 잠자리에 들어보라."

어느 날 밤 나는 실제로 이것을 실행해본 적이 있는데, 밤새 내 얼굴을 얼마나 많이 내리쳤는지 모른다. 내 얼굴에서 피를 뽑고 있는 그 건방진 날개 달린 곤충은 내 손보다 더 민첩하지 못할 것이라고 진심으로 믿으면서 말이다. 하지만 결국 내가 틀렸다.

우리는 항상 큰 그림부터 **시작**한다. 무엇을 원하는가? 목적지는 어디인가? 나폴레온 힐은 말한다. "목표의 명확성은 곧 자신이 원하는 것에 대한 지식이다." 이 말을 알기 쉽게 표현하면, 우리가 가져야 할 건 목표의 상세한 그림을 볼 수 있는 능력이다.

일단 목표를 알고 나면 우리는 다시 현재로 돌아와 목표를 향하는 길의 윤곽을 그리기 시작한다. 목표를 향한 길로 출발할 땐 작은 걸음의 관점으로 생각하라. 충분히 실행할 수 있는 작은 걸음 말이다. 내 마음 깊은 곳에는 항상 큰 그림이 자리하고 있다. 하지만 내가 집중하는 것은 그 목적지에 도달하기 위해 내디뎌야 하는 작은 걸음들이다. 나는 내가 가려는 방향으로 한 걸음만 내디디면 된다는 사실을 안다. 그 걸음을 내딛은 다음엔 같은 방향으로 또 한 걸음을 내디디면 된다.

만약 내 목표가 뉴욕에서 로스앤젤레스까지 걸어가는 것이라면 나는 우선 서쪽을 향해 설 것이다. 그런 뒤 그 방향으로 첫 한 걸음을 뗄 테고 그다음엔 또 한 걸음, 그다음에도 역시 한 걸음을 내디딜 것이다. 우리는 그 과정에서 절제해야 하고, 빠른 속도나 지름길로부터의 유혹을 피해야 한다.

변화의 속도를 높이고 소요 시간을 단축하고자 하는 끊임없는 욕구로 자신의 마음과 몸을 매일 괴롭히는 이들은 세상에 무수히 많다. 그러나 아이에서 어른으로 자라나는 과정이 그렇듯, 우리 내면의 본성을 재구성하는 데도 시간이 필요하다. 우리는 마음에 집중하는 법을 익히고 연습해야 한다. 그러니 자신에게 좀 더 너그럽게 대하며 인내심을 가져라.

PART 2

좁고

깊은

삶을 이해하는 도구,

마음과

인식

CHAPTER 3

마음 이해하기

무언가를 깨닫고 나면
그것을 깨닫기 전으로 돌아갈 수 없다.
– 데바 스승님

마음이라는 도구

스승님으로부터 배운 것들 중 나머지 모든 가르침보다 훨씬 위대하다고, 그래서 전 세계 모든 남녀노소에게 전달되어야 한다고 내가 생각하는 한 가지가 있다. 바로 '마음이 작용하는 방식에 대한 이해'다.

마음은 우리 모두가 갖고 있다. 그리고 다행스럽게도 대개의 마음들은 충분히 잘 작동한다. 우리는 마음을 갖고 태어났으며, 그것과 함께 살고, 그것을 자기 자신과 분리할 수 없다. 마음은 우리가 이 세상을 탐험하는 매 순간을 함께하는 동반자라 할 수 있다. 우리가 깨어 있을 때든 자고 있을 때든 마음은 우리와 하루 24시간을 함께 보내는 유일한 존재이기 때문이다. 사랑하는 사람이나 아끼는 물건과도 그렇게나 많은 시간은 함께할 수 없는데 말이다.

그러나 대부분의 사람들은 이 사실을 깨닫지 못한다. 때문에 슬프지만 마음은 대개의 이들에게 낯선 존재로 여겨진다. 말하자면 대부분의 사람들이 알지 못하거나, 혹은 알아가지 않겠다고 결심한 동반자라 하겠다. 언제나 주인을 돕기 위해 대기하곤 있지만 그와의 친분은 조금도 없는 집사 같다고나 할까.

마음은 우리의 이해를 뛰어넘는 기능을 가진, 세상에서 가장 강력한 도구다. 그리고 여러분은 아무런 대가를 지불하지 않았음에도 이미 그것을 자신의 안에 갖고 있다. 그러나 그것을 이해하고 다스리지 못한다면 마음을 통제하지 못한 데 따른 결과를 겪을 테고, 최악의 경우에는 이 세상에서의 여정이 끝날 수도 있다.

하지만 안타깝게도 마음의 모든 힘과 기능을 알려주는 사용설명서 같은 것은 이 세상에 없다. 싸구려 전자제품을 사도 '간단설명서' 같은 것이 들어 있기 마련인데 말이다. 꽤 괜찮은 믹서기를 구입하면 시력을 시험하게 하는 작은 글씨로 열두 가지 언어가 인쇄된 30쪽 분량의 사용설명서가 딸려 온다. 심지어 냉동 피자 같은 식품의 박스 겉면에는 조리법이, 테이크아웃 커피 컵에는 '음료가 뜨거우니 주의하세요' 같은 친절한 문구가 인쇄되어 있다.

그렇지만 마음에는 아무런 설명서가 제공되지 않는다. 게다가 우리 중 대다수는 어떠한 마음 관련 교육도 받은 적이 없다. 세상에서 가장 강력한 도구를 갖고 태어났음에도 그것을 이해하는 법, 그것이 작용하는 방식, 그것을 활용하는 방법 등을 전혀 배우지 못한 것이다. 정신 건강 문제를 둘러싼 논의는 이미 수십 년 전부터 전 세계적으로 끊이지 않고 있는데, 모든 아이들은 학교에서 마음 관련 교육을 받을 필요가 있다는 결론을 우리는 왜 진즉 내리지 못한 걸까? 그런 교육이 조금이라도 이뤄진다면 아예 하지 않는 경우보다는 분명 나을 텐데 말이다.

이쯤 되면 내게 "마음을 이해하는 것이 왜 그토록 중요하다는 건가요?"라 묻고 싶어질 수 있다. 이 질문에 대한 답부터 하자면, 마음이란 건 매일같이 우리가 알고 있는 현실을 설계하고 표현하는 데 사용하는 도구이기 때문이다. 우리가 내적·외적 삶에서 만들어내는 천국이나 지옥의 기원은 다름 아닌 우리 마음이다. 마음의 작용 방식을 이해하면 그것을 통제하고 다룸으로써 우리가 원하는 삶을 만들 수 있다. 하지만 결국 이 모두는 우리가 다룰 그 대상을 이해하는 것으로 귀결된다. 자신이 이해하지 못하는 대상과 함께 일한다는 건 매우 힘들기 때문이다. 많은 사람들이 자신이 원하는 삶을 만들 수 없는 이유는 그들에게 그렇게 할 능력이 없다는 사실이 아니라 그들이 다루는 도구, 즉 마음을 이해하지 못한다는 사실에 있다.

수도원에 들어갔을 때 스승님은 내게 일찍부터 이런 질문을 던지곤 했다.

"마음이 어떻게 작용하는지 알고 있느냐?"

"아니요, 모릅니다. 제게 그런 것을 가르쳐준 이는 아무도 없습니다."

"그렇다면 바로 거기가 시작점이 되겠구나. 마음이 어떻게 작용하는지 머리로 명확히 이해하는 일부터 시작해보자꾸나."

스승님에게는 마음을 깊이 깨닫는 능력, 그리고 그 깨달음을 바탕으로 짧은 시간 안에 기본적 이해를 탄탄히 쌓을 수 있게끔 도와주는 능력이 있었다. 나는 스승님에게 자주 지속적으로 질문하여 이 주제를 보다 명확히 이해해나갔다.

마음을 어느 정도 이해한 다음 내가 세운 목표는 머리로 배운 내용을 직접 경험하는 것이었다. 히말라야가 내려다보이는 봉우리에 서 있는 경험에 관한 글은 얼마든지 구해서 읽을 수 있지만, 그 실제 느낌은 내가 직접 경험하지 않는 한 절대 알 수 없을 것이었다.

그런데 많은 이들이 실패하는 것도 바로 이 지점이다. 언젠가 주말 강의를 막 마친 후, 나는 방금 배운 내용을 다른 이들과 빨리 공유하고 싶다고 신나게 이야기하는 누군가를 본 적이 있다. 배움과 공유에 대한 이런 방식은 요즘 매우 빠르게 일반적인 추세가 되고 있으나, 사실 나는 그러한 걸 '배움'이라 부르길 꺼린다. 그런 방식에 어울리는 적절한 표현은 '배움'이 아닌 '정보 수집'일 것이다.

마음을 단순히 지식적인 측면에서만 배우려는 사람들이 있다. 이들은 수많은 책과 화면을 뒤져가며 통찰을 모으고, 그렇게 모은 조각을 한데 합쳐 이것저것 뒤섞인 짬뽕 같은 것으로 만들어버리곤 한다. 그런 결과물은 비행기에서 옆자리에 앉은 운 없는 승객에게 깊은 인상을 남기기엔 충분하지만, 그들의 삶에 지속 가능한 변화를 가져오기엔 부족하다. 단순한 지식의 습득은 배움이 아니다. 정보를 더 많이 습득할수록 한 인간으로서 더욱 많이 성장할 것이라고 자신을 속이지 말라.

물론 성장의 시작점은 지적 이해다. 그러나 그것은 반드시 경험적 이해로 이어지고 확인되어야 한다. 무엇이 되었든 그것을 깊이 깨닫고 진정으로 배우려면 그것에 대한 많은 반복적 경험이 필요하다.

뒤에서 이어질 다음 레슨들을 통해 나는 내가 제시할 다양한 주제에 대한 여러분의 지적 이해를 도울 것이다. 그런 뒤엔 이해한 내용을 경험하기 위한 틀을 제공하려 한다. 여러분이 이 책의 내용을 얼마나 잘 파악했는가는 여기에서 배운 내용과 경험을 얼마나 일치시키는가를 통해 알 수 있을 것이다. 만약 그 둘을 일치시키려 노력하는 과정에서 지속 가능한 변화가 생긴다면 그건 여러분이 이 책의 내용을 실제로도 깨달았다는 뜻이다. 그리고 내가 여러분을 인도하고자 하는 곳은 바로 거기다.

삶의 변화를 일으키는 방법

마음에 대한 기본적 이해는 세상에서 가장 강력한 도구인 마음을 활용하는 능력을 갖게 해주고, 삶에 기념비적인 변화를 일으킨다.

　마음에 대한 스승님의 깊은 이해와 경험은 내게도 그대로 전해졌다. 모두가 이해 가능한 명료하고 간단한 말로 그분이 마음의 내적 작용을 표현해주신 덕분이다. 더불어 다른 이들을 돕고 싶어 하는 스승님의 열망 또한 내게 전달되었다. 그 열망 안에는 자신의 가르침을 사람들이 이해하게끔 돕고, 그로써 그들의 삶에 긍정적 영향을 주고자 하는 스승님의 소망이 숨어 있었다.

내가 이 책에서 이야기하는 내용은 마음에 대한 내 개인적인 경험이다. 마음에 대한 나의 이해는 책 수백 권에서, 또는 연구와 실험에 따른 결과를 바탕으로 상관관계를 분석한 그래프나 도표를 통해서 나온 것이 아니다. 오히려 그와는 완전히 다른 방식에서 나왔다 할 수 있다.

마음에 대한 내 지적 이해는 스승님이 마음의 내적 작용을 설명해주었을 때 처음으로 형성되었다. 그리고 그 이해는 이후 스승님과 수없이 대화를 나누면서 더욱 깊어졌다. 내가 마음을 보다 잘 이해하게 되자 스승님은 내가 배우는 모든 내용을 직접 경험할 수 있게끔 인도해주었고, 나는 그 과정을 지금까지 계속해서 따르고 있다. 마음의 내적 작용에 대해 이 책이 여러분과 나누는 결론은 마음과 관련해 내가 반복해서 거친 경험에서 비롯되었다.

내 소중한 친구이자 멘토인 마이클 루첸키르헨Michael Lu-tzenkirchen은 다음과 같이 이야기한 바 있다.

"당신에겐 제가 선생님으로 보이겠지만, 사실 저는 이 과목의 학생입니다. 그리고 항상 그렇길 바랍니다."

이는 마음 이해라는 여정에서 우리가 어느 지점에 있는지를 가장 잘 설명해주는 말이다. 우리 모두는 이 과목의 학생이다. 지도자나 전문가가 아니라는 뜻이다. 이는 우리가 마음에 대해 더 많이 경험하고 배울수록 자신이 얼마나 무지한지도 더 많이 깨닫기 때문이다.

내가 지금부터 공유하려는 내용은 이 책에서 배울 모든 것의 기반이 되는 기초적 가르침임과 동시에, 여러분이 이 책에서 얻어내길 바라는 가장 중요한 부분이다. 그러니 이번 레슨의 내용을 여러 번 반복해 읽으며 확실히 이해할 수 있도록 많은 노력을 기울여준다면 좋겠다. 이 부분을 지적으로 이해하고 경험한다면 이후부터의 삶은 그전까지 상상할 수 없었던 방식을 통해 바뀔 것이다. 바로 내가 그랬듯이 말이다.

인식과 마음에 관한 통찰

세상에서 가장 강력한 도구는 복잡해 보이고 가늠할 수 없는 힘을 가지고 있지만, **인식**awareness과 **마음**mind이란 두 가지 요소로 단순화할 수 있다(영단어 awareness는 인식, 자각, 알아차림, 깨달음 등의 뜻인데, 이 책에서는 인식으로 번역했다—옮긴이).

이미 여러분은 '인식'과 '마음'이라는 단어들을 분명 들어봤을 테고, 사람들과의 대화에서도 여러 번 사용했을 것이다. 하지만 저마다 다른 의미로 이해하고 있을지 모르니 이 두 단어부터 분명히 정의하면서 우리의 배움을 시작해 보자. 이렇게 하면 우리는 **공유 단어**를 만들 수 있고, 그 결과 이 두 단어가 어떤 의미를 갖는지와 더불어 우리 배움의 맥락 안에서 어떻게 적용되어야 할지에 대해 공통된 이해가 가능해진다.

우선 '마음'이란 단어는 다음과 같이 정의할 수 있다.

마음은 다양한 영역을 포함하는 거대한 공간이다.

이 말을 쉽게 표현하자면 이렇다. 마음의 어떤 공간은 행복이고 다른 공간은 질투, 또 다른 공간은 분노다. 그런가 하면 기억 저장소, 직관과 창의력의 원천, 음식에 관한 모든 것의 정수가 모인 곳, 춤·사진·컴퓨터 프로그래밍·정원 가꾸기 등을 배울 수 있는 곳 등에 해당하는 공간들도 마음에 존재한다. 이처럼 '여러 다양한 영역을 품은 거대 공간'이란 시선으로 여러분이 마음을 바라봤으면 한다.

한편 '인식'에 대한 정의는 다음과 같이 내릴 수 있다.

인식은 일종의 빛 덩어리다. 달리 표현하면 매여 있지 않아 주위를 떠다닐 수 있는 빛나는 구체球體다.

이러한 정의에 대한 이견도 물론 있을 수 있다. 그러나 앞서 말했듯 우리가 이 두 단어를 정의하는 목적은 공유 단어를 만들기 위함이니 일단은 이렇게 정리해두자. 다만 방금 접한 정의들이 머릿속에서 복잡하게 가지를 뻗어 나가지 않게 조심하라. 우리는 앞으로의 배움을 위해 이 두 단어를 지극히 단순하게 정의했다. 그러니 이 정의를 기억 속에 그대로 자리 잡게끔 하자. 마음속 작용의 본질을 진정으로 이해하는 데 있어 '마음'과 '인식'을 이 정의 그대로 받아들이는 것의 중요성은 아무리 강조해도 지나치지 않다.

이제는 이 둘에게 각각 어떠한 특징이 있는지, 그리고 이 둘은 어떻게 상호 작용하고 협력하는지를 살펴보자. 인식과 마음은 별개의 대상이라 특징도 뚜렷이 다르다. 인식은 움직일 수 있는 데 반해 마음은 움직이지 않는다.

무언가에 매여 있지 않은 인식은 마음속 어느 영역으로도 이동할 수 있다. 그리고 인식은 빛 덩어리이기에 자기가 옮겨 간 영역을 밝혀준다. 바꿔 말해, 인식이 자리하는 마음속 공간은 그곳이 어디든 간에 밝아지는 것이다.

그렇게 마음속 특정 영역이 인식에 의해 밝아지면 우리는 그 영역을 느끼게 되고, 이는 인식이 그곳에 머무는 한 계속된다. 가령 행복이란 마음속 공간으로 인식이 이동하면 그곳이 환해지고, 그러면 우리는 행복을 느끼게 된다. 그런데 여기서 주목해야 할 중요한 사실이 있다. 바로 그때 우리는 행복할까? 아니다! 그때는 인식이 행복이라는 마음속 영역에 그저 자리만 하고 있을 뿐이기 때문이다.

만약 행복이라는 마음속 영역에 있던 인식이 슬픔이라는 영역으로 이동하면 그곳이 밝아져 우리는 슬픔을 느끼게 될 것이다. 그때 우리는 슬플까? 아니다! 우리는 슬픔이란 마음속 영역에 일시적으로 머물며 슬픈 경험을 하는 순수한 인식이다. 인식이 그 영역에 머무는 한 우리는 슬픔을 경험할 것이다. 다행히 우리에겐 마음속 슬픔의 영역에 있는 인식을 우리가 원하는 다른 영역으로 옮길 수 있는 능력이 있다. 의지력과 집중력을 이용하면 충분히 가능한 일이다. 이에 관해선 다음 챕터에서 알아보겠다.

우리는 마음이 아니다. 오히려 우리는 마음의 다양한 영역을 넘나드는 순수한 인식이다. 인식은 움직이고, 마음은 움직이지 않는다. 인식이 마음속 어디로 이동하든 마음속 그 영역은 밝아진다. 그때 우리는 그 영역을 느끼고 경험하게 된다. 사실 이 개념을 이해하기란 쉽지 않은 일이다. 그럼에도 우리는 진정한 깨달음을 위해 충분한 시간을 들여야 한다. 이 개념이 우리가 함께 학습할 모든 것의 기초를 형성하기 때문이다.

또 하나 알아야 할 사실이 있다. 인식이 분노라는 마음속 영역에 있을 때엔 슬픔이나 행복, 혹은 두려움 등과 같은 여타 영역이 느껴지지 않는다는 게 그것이다. 다른 영역을 느끼는 것은 오직 인식이 마음속 분노의 영역을 벗어나 다른 영역으로 옮겨가고 나서야 가능해진다.

손전등을 든 채 크고 어두운 동굴 속을 탐험하는 상황을 상상해보라. 이때의 동굴은 마음, 손전등은 인식이라는 빛덩어리에 해당한다. 동굴 내 한쪽 모퉁이로 걸어가면서 손전등으로 그 부근을 비추면 그쪽의 지형을 자세히 볼 수 있다. 하지만 그쪽 모퉁이를 벗어나 반대편으로 걸어간다면 그쪽은 이제 어두워지고, 그래서 그곳에 있는 어떤 것도 더이상 볼 수 없게 된다. 동굴 안 어디를 가든 우리에겐 우리가 손전등으로 비춘 곳만 보일 것이다. 인식과 마음이 작용하는 방식도 이와 정확히 동일해, 우리는 인식이 머무는 곳만을 느낄 수 있다.

인식이 자리 잡고 있는 마음속 영역은 그 순간 우리가 마음속으로 무엇을 느끼는지 결정한다.

이번 레슨은 매우 중요하다. 명확한 이해를 위해 지금까지의 내용을 간단히 요약해보자.

• 마음을 이해하는 첫 번째 단계는 인식과 마음이 각기 다르다는 사실을 아는 것이다.

• 우리는 마음이 아니라, 마음의 다양한 영역을 넘나드는 순수한 인식이다.

• 인식은 움직이고, 마음은 움직이지 않는다.

• 인식이 마음속 어느 영역으로 이동하면 우리는 그 영역을 느끼게 된다.

• 의지력과 집중력을 이용하면 인식이라는 빛 덩어리를 마음속 어느 영역이든 자신이 원하는 곳으로 옮길 수 있다.

스승님은 마음의 내적 작용에 대한 이 단순하고도 심오하며 시대를 초월한 통찰을 내게 전해주었다. 이 통찰은 2000년 이상의 세월에 걸쳐 계보를 따라 전해져온 영적 가르침의 핵심이자 힌두교 형이상학의 중심축 중 하나다. 내 삶의 모든 것은 바로 이 통찰 하나로 변화되었다. 나라는 사람은 곧 내 마음의 다양한 영역을 넘나드는 순수한 인식이란 점을 이해하고 나니, 마음속 어느 영역에 머물지도 언제든 나 스스로 선택할 수 있다는 사실을 깨닫게 되었다. 어떤 영역에 머물지 선택한다는 것은 다시 말해 내 경험을 내가 선택할 수 있다는 뜻이기도 하다.

아주 분명하고 간단한 이 깨달음은 내가 살면서 경험하는 것들이 온전히 내 통제하에 있다는 사실을 알려주었다. 이 깨달음은 나를 해방시켰고, 그것이 품은 무한한 가능성과 가치가 그제야 내 눈에 보이기 시작했다.

내가 이번 레슨에서 공유하는 내용의 엄청난 중요성을 이제 여러분도 이해했길 바란다. 여러분이 밟아야 할 첫 번째 단계는 내가 지금까지 설명한 인식과 마음의 작용 방식을 지적으로 이해하는 것이다. 그리고 그다음 단계는 그 지적 이해를 실제로 경험하는 것이다. 깨달음은 인식이 마음속에서 향하는 방향을 통제할 수 있다는 사실, 그것을 반복적으로 경험하고 난 뒤에 찾아온다.

경험의 저울 기울이기

한 번의 경험만으로는 누군가의 내면에 엄청난 변화를 일으키기가 어렵다. 원하는 변화를 이루기 위해선 대개 비슷한 경험을 여러 번 해야만 하는 이유가 이것이다.

한쪽으로 기울어진 저울을 상상해보라. 오른쪽 접시에는 마음에 대한 현 관점을 형성하는 과거의 경험이 자리한다. 왼쪽 접시는 인식과 마음의 작용 방식을 이해한 뒤 마음속에서 인식이 향하는 방향을 통제하는 경험이 올라갈 자리다. 즉, 왼쪽 접시의 무게는 인식 방향의 통제와 관련된 새로운 경험을 할 때마다 늘어난다. 그렇게 새로운 경험이 쌓이다 보면 어느 시점에 이르러 왼쪽 접시는 전체 저울을 왼쪽으로 기울게 할 만큼 충분히 무거워지기에 이른다. 바로 이 순간 우리는 변화를 경험하고 마음을 바라보는 새로운 시각도 얻게 된다. 마음속의 인식이 향하는 방향을 통제할 수 있다는 깨달음이 우리 안에 자리 잡는 것이다. 그리고 내 스승님께서 말했듯 "무언가를 깨닫고 나면 그것을 깨닫기 전으로 돌아갈 수 없다."

마음속 인식을 통제하는 경험을 쌓음으로써 얻게 되는 통찰력은 우리의 마음 사용 방식에도 영향을 준다. 다음의 두 레슨에서는 인식과 마음을 여러분이 더욱 잘 이해할 수 있도록 다양한 비유를 활용해 설명할 것이다. 이 개념을 파악하는 건 매우 중요한 일이기 때문에 우리는 그에 마땅한 시간과 관심을 기울여야 한다.

마음이라는 거대한 저택 탐험

스승님은 어려운 주제들을 제자들에게 명확히 이해시키기 위해 비유를 사용하곤 했다. 여러분이 인식과 마음을 보다 잘 이해하게끔 도움을 주기 위해, 나 역시 비유라는 방법을 써보려 한다. 우리의 마음을 저택이라 생각하고 찬찬히 살펴보자.

구불구불하게 이어진 긴 도로 끝에 자리 잡은, 넓은 정원으로 둘러싸인 대저택을 떠올려보라. 바닥에 대리석이 깔린 로비를 향해 커다란 여닫이 대문이 열려 있고, 정면에는 근사한 활처럼 우아하게 디자인된 계단이 펼쳐져 있다. 웅장한 샹들리에는 우리의 머리 위를 밝히고 있으며, 측면으로 뻗은 복도에는 고급 목재로 마감된 벽이 우뚝 솟아 있다. 이 저택은 우리의 마음이다.

그리고 이 저택에 있는 여러 방들은 기쁨, 행복, 분노, 질투 등 제각기 다른 마음속 영역들에 해당한다. 집에 사는 모든 이들이 그렇듯 우리도 그 방들 중 어느 것으로든 들어갈 수 있다. 이제 우리 자신을 인식이라고 상상하며 이 저택의 미로 같은 복도, 계단, 바닥 그리고 방들을 탐험해보자.

우리는 우아하게 굽은 계단을 따라 걸어 올라가 넓디넓은 층계참에 도착한 다음 왼쪽 통로를 향해 걸음을 옮긴다. 첫 번째 방의 문이 이내 시야에 들어온다. 우리는 그 문을 열고 방 안으로 들어가 문을 닫는다.

우리는 방금 행복이라는 이름의 마음속 방에 들어섰음을 깨닫고선 행복을 느낀다. 하지만 바로 옆방이나 복도 안쪽의 방, 위층 혹은 아래층 방에 대해선 아무것도 경험하지 못한다. 이 순간의 우리, 즉 인식은 행복이라 불리는 이 방에 몰입하며 그 느낌을 경험한다. 이때 우리는 행복할까? 아니다. 우리는 마음속 행복의 영역에 일시적으로 머무는 순수한 인식일 뿐이다.

그 방에서 나와 문을 닫은 우리는 복도 끝을 향해 걸어가다 다른 방의 문을 열고 그 안으로 들어간다. 그러고선 지금은 분노의 방, 즉 분노라는 마음속 영역에 있음을 알게 되고, 그에 따라 분노를 경험한다. 이때 우리는 분노할까? 아니다. 분노라는 마음속 영역에 있다고 해서 우리 **자신**이 분노가 되는 것은 아니기 때문이다. 우리는 그저 마음속 분노의 영역에 일시적으로 머무는 순수한 인식일 뿐이다.

마음속 분노의 영역, 즉 분노의 방에 있는 동안 우리는 행복을 경험할 수 없다. 행복이란 방에 이전에 있긴 했으나 지금은 더 이상 그곳에 있지 않기 때문이다. 우리가 경험할 수 있는 것은 현재 우리가 머무는 방이 우리에게 주는 것들뿐이다. 이때 우리가 깨달을 수 있는 건 이 방에 분노의 감정이 있다는 사실, 그리고 행복이란 방에 있다가 의도적으로 이 방에 오게 된 건 우리 자신이 그리 했기 때문이라는 사실이다.

이제 우리는 분노의 방을 떠나 이 저택의 다른 곳들을 계속해서 탐험한다. 방금 전 그랬듯 우리는 각각의 방에서 서로 다른 경험을 하고, 특정 방에 있는 동안에는 이전에 들어갔던 다른 방들을 느끼지 못한다.

인식과 마음은 이렇게 작용한다. 제각기 다른 방이 수없이 딸린 저택을 마음이라 여기며 그것을 살피다 보면 자기가 그 저택의 어느 방에 들어가거나 머무를지 스스로 선택할 수 있음을 깨닫게 된다. 그리고 마음의 한 영역에 오래 머무를수록 그곳은 자신에게 점점 더 편안해진다. 그렇다 해서 특정 방에 계속 머무는 것이 잘못이란 뜻은 아니다. 그 영역이 자신에게 힘이 되고 도움을 주는 한 말이다.

한 집에서 아주 오래 살아온 탓에 그 집에 지나친 애착을 갖는 사람을 본 적이 있는가? 그런 사람은 설사 방이 두 개밖에 없는 집에서 여섯 자녀를 키우고 있다 해도, 또 더 큰 집을 구입할 경제적 여유가 충분하다 해도 그 집을 떠나 다른 집으로 옮기려 들지 않을지 모른다.

이 이야기는 사람들은 저마다 다른 '집' 또는 '마음속 영역'에 매우 큰 애착을 가질 수 있다는 사실을 보여주는 한 예에 불과하다. 어떤 이들은 두려움이라는 마음속 영역에 너무나 큰 애착을 갖게 된 나머지 이후에도 영원히 그곳에 머무른다. 그곳을 떠날 의사가 없기에 기꺼이 여권을 집어던지고, 체류 허가를 신청해 그곳에 영원히 거주할 권리를 승인받는 것이다. 그 결과 그들은 끝없는 두려움에 빠져 생을 살아간다.

어떻게 넬슨 만델라는 27년간 투옥 생활을 하면서도 긍정적인 마음 상태를 유지할 수 있었을까? '자유를 향한 희망이 솟아나는 마음속 영역'에 자신의 인식을 붙들어둘 수 있었기 때문 아닐까? 만약 만델라가 그렇게 자기 인식을 통제할 수 없었다면, 그가 처해 있던 끔찍한 상황은 실로 비참한 마음속 영역으로 그의 인식을 옮겨버렸을 것이다. 그랬다면 인종차별 정책을 끝내겠다는 그의 희망도 결코 결실을 보지 못했을 것이 분명하다.

만델라는 자신의 물리적 환경을 부정하지 않았다. 그러나 그는 분명 또렷이 인지하고 있었다. 자신의 물리적 환경을 통제할 순 없어도 자신이 머물 마음속 영역만큼은 스스로 선택할 수 있다는 사실을 말이다. 감옥은 그의 육체를 가두었으나 그의 인식까지 가둘 순 없었다. 그의 빛 덩어리는 마음속 자유의 방에서 자유로이 머물며 수백만 명의 자유를 추동하고 계획했다.

이제 여러분은 누군가 "마음이 이리저리 떠돌아다녀"라 이야기하는 걸 듣더라도 그것이 틀린 말임을 알 것이다. 마음 자체는 여기저기 떠돌아다닐 수 없다는 사실, 마음의 한 영역에서 다른 영역으로 이동할 수 있는 것은 인식이라는 사실을 이해했을 테니 말이다. 이를 다시 저택에 비유해 다음과 같이 표현해볼 수 있다. 저택은 움직이지 않고, 그 토대에 단단히 뿌리를 박고 있다. 저택 안에서 이 방 저 방 이동하고, 제각기 다른 방에서 다른 경험을 하는 것은 자기 자신, 즉 순수한 인식이다.

사실 이는 많은 사람들이 집에서 실제로 하는 경험과 비슷하다고도 할 수 있다. 여러분의 집에 주방, 욕실, 거실, 침실 몇 개가 있다고 가정해보자. 각 방은 각기 다른 목적과 경험을 위해 설계되었다. 여러분이 주방으로 향한다면 그건 음식 준비, 물이나 차 등을 마시기, 혹은 냉장고 안에 어떤 것들이 있는지 확인하기 위해서일 것이다. 이처럼 주방은 음식이라는 주제와 관련된 영역이다. 때문에 낮잠을 자거나 씻고 싶다면 여러분은 주방 대신 침실 혹은 욕실로 향한다. 이렇게 집 안의 각 구역은 저마다 나름의 기능을 담당하고 각기 다른 경험을 제공한다. 그렇기에 마음도 집과 다르지 않다고 이야기하는 것이다.

내가 마음을 저택에 비유한 건 인식과 마음이 서로 뚜렷하게 구분되는 개념임을 전달하기 위해서였다. 하지만 나의 설명을 듣고 나면 사람들은 이렇게 탄식한다.

"아, 너무 어렵네요."

어려운 것이 당연하다. 방법을 배우거나 연습한 적이 없으니 말이다. 어떻게 만드는지 모르고, 배운 적도 없으며, 전에 해본 경험이 없는 데다 아무런 사전 준비조차 없는 상태라면 맛있는 피자 하나를 만드는 일도 매우 어려울 것이다. 하물며 마음속에서 인식을 통제하는 법을 배우는 일이 어떻게 쉽겠는가.

하지만 연습에 연습을 거듭하다 보면 마침내 맛난 피자를 만들어낼 수 있는 것처럼, 인식의 통제 또한 연습을 통해 충분히 성취해낼 수 있는 일이다. 게다가 인식을 통제한 결과로 주어지는 보상은 그 일을 위해 기울인 노력에 비해 훨씬 크다.

인식은 여행자와 같다

인식과 마음을 좀 더 깊이 이해하기 위해 이번에는 인식을 여행자에, 마음을 세계에 빗대어 살펴보자.

우리가 뉴욕 JFK 공항에서 비행기에 탑승해 한 시간에 걸쳐 대륙을 횡단한 다음 샌프란시스코에 도착한다고 상상해보라. 비행기에서 내린 우리는 샌프란시스코의 모든 것을 경험하게 된다. 그러나 그 도시에 머물며 그곳을 경험하고 있다 해서 우리가 곧 샌프란시스코인 것은 아니다. 우리는 샌프란시스코를 경험하는 순수한 인식이고, 우리가 이제 뉴욕에 없다는 사실은 지극히 명백하다.

며칠 후 우리는 샌프란시스코를 떠나 뉴델리로 향하는

비행기에 탑승한다. 몇 시간이 지나 시차로 인한 피로감에 사로잡힌 채 비틀거리며 뉴델리공항을 빠져나오니 한 무리의 사람들이 우리 주위를 둘러싼다. 뉴델리의 풍경, 소리, 냄새가 우리 감각으로 스며듦에 따라 우리는 우리가 더 이상 샌프란시스코에 있지 않다는 사실을 명확히 깨닫게 된다.

우리는 이제 뉴델리에 머물면서 뉴델리를 경험하고 있다. 그렇다면 우리는 뉴델리일까? 아니다. 우리는 뉴델리라는 장소에 있을 뿐이지 우리가 뉴델리인 것은 아니다. 이 도시에서 겪는 경험은 샌프란시스코에서의 그것과 크게 다르다. 뉴델리에 있는 동안 우리가 샌프란시스코를 경험하기란 불가능한 일이다. 우리가 뉴델리에 있는 동안 경험할 수 있는 것은 오직 그곳이 우리에게 제공하는 것들뿐이다.

이상의 비유를 통해 나는 다음과 같은 몇 가지를 설명할 수 있다.

1. 여행자가 전 세계 여러 도시를 이동하며 다양한 경험을 할 수 있듯, 우리의 인식 또한 우리 마음속을 여행하며 여러 종류의 경험을 할 수 있다.

2. 세계를 여행하며 엄청나게 많은 도시를 경험해온 여행자라 해도, 그가 한 번에 경험할 수 있는 도시는 오직 한 곳뿐이다. 우리의 인식도 이와 마찬가지라서, 한 번에 경험할 수 있는 마음속 영역은 오직 하나뿐이다.

3. 마음속 어느 영역을 방문하든, 인식이 곧 그 영역이 되는 것은 아니다. 인식은 그저 방문하는 영역을 경험할 뿐이다. 우리가 어떤 도시를 방문한다 해도 우리가 곧 그 도시인 것은 아닌 것처럼 말이다.

우리는 항상 마음속 어느 영역을 경험하고 있다. 그러나 단 한순간이라도 우리가 경험하는 그 영역이 곧 우리 자신이라 생각해선 안 된다. 우리는 우리가 여행하는 마음속 영역을 경험하는 **순수한 인식**임을 기억해야 한다.

그러니 이제부터는 화가 날 때에도 '나는 화났어'라 생각하거나 말하지 말라. 이 말은 잘못된 것이기 때문이다. 대신 스스로에게 이렇게 말하라.

"난 마음속 화의 영역을 여행하면서 화를 경험하고 있어. 나는 화난 것이 아니라 화의 경험을 하고 있는 인식이야."

행복을 느낄 때에도 이와 마찬가지로 말할 수 있다.

"난 마음속 행복의 영역을 여행하면서 행복을 경험하고 있어. 나는 행복한 것이 아니라 행복의 경험을 하고 있는 인식이야."

이렇게 해보면 우리 자신은 마음 자체가 아니라 마음속을 여행하는 인식이란 사실을 깨닫게 될 것이다. 우리는 마음의 자유시민이고, 그래서 마음의 어느 영역이든 자유로이 여행할 수 있다. 이는 우리의 권리이니 마음껏 즐기고 현명하게 이용하자. 단, 모든 마음속 여행에는 반드시 그에 상응하는 결과가 따른다는 사실을 명심하라.

이 비유에는 주목해야 할 중요한 사실이 숨어 있다. 여행을 떠나기 전 우리는 우리가 가고 싶은 도시를 선택하기 마련이다. 이처럼 앞으로 향하려는 곳을 결정할 수 있는 능력은 우리 인식에도 있다. 즉, 우리는 우리가 마음속의 어느 영역으로 가고 싶은지를 선택할 수 있다는 뜻이다.

그런데 바로 그 의사결정 과정을 환경에 내맡기는 사람들이 많다. **이때의 '환경'은 자신 주변을 둘러싼 사람 및 사물이라고 정의할 수 있다.** 그런 사람들은 자신의 인식이 향할 방향과 그 결과 자신이 겪을 경험의 종류를 주변 환경이 결정하도록 허락한다.

여행할 도시를 정하고 나면 여행 준비를 시작해야 한다. 알래스카의 앵커리지에 가기로 했다면 따뜻한 옷을 챙겨야겠지만, 무더위가 한창인 4월에 인도의 마두라이로 가려 한다면 그런 옷은 분명 필요 없을 것이다. 이렇듯 목적지가 어디냐에 따라 여행 준비가 달라지는 것과 마찬가지로, 마음속에서 인식이 향하는 방향을 통제할 수 있으면 이후 다가올 경험에 대한 준비 또한 할 수 있다.

CHAPTER 4

인식 이해하기

에너지는 인식이 향하는 곳으로 흐른다.
– 데바 스승님

단어를 정확히 사용하라

계속해서 설명을 이어가기 전에, 우선 올바른 용어 사용의 중요성부터 다시 한번 강조하고 넘어가자. 나는 여러분이 '인식'과 '마음'이라는 단어를 앞서 정의한 대로 정확히 사용했으면 한다.

올바른 용어 사용이 중요한 이유는 이 두 단어의 특정 의미를 이해할 수 있게끔 우리의 잠재의식을 훈련시켜야 하기 때문이다. '단어'는 '하나의 뚜렷한 의미를 가진 말 또는 글의 요소'를 뜻한다. 그렇기에 어떤 단어를 명확히 이해하려면 그것을 오직 한 가지 의미로만 받아들여야 한다. 하나의 단어를 여러 의미로 받아들이면 잠재의식이 혼란에 빠진다.

가령 주인이 개에게 "앉아"라고 명령하면, 개는 뒷다리를 낮추고 엉덩이를 땅에 붙일 것이다. 그 단어를 들으면 '앉아야 한다'는 뜻으로 받아들이게끔 주인이 개를 훈련시켰기 때문이다. 그러나 만약 주인이 그 단어를 '달려'라는 뜻으로 사용하기 시작한다면 개는 혼란스러워질 테고, "앉아"라는 말을 들을 때마다 자신이 앉아야 할지 달려야 할지 판단할 수 없을 것이다. 하지만 주인이 그 단어를 오직 한 가지 행동을 위해서만 사용한다면 개가 그 단어의 의미를 제대로 파악하지 못해 혼동하는 상황도 발생하지 않는다.

우리의 마음도 다르지 않다. 세상에는 "매일 저녁 개를 산책시키는 일이 내겐 곧 명상이야"라 말하는 이가 있는가 하면 "요리가 나한테 명상이야"라고 하는 사람도 있다. 또 어떤 사람들은 다리를 꼬고 앉아 두 눈을 감고 척추를 꼿꼿이 세운 채 호흡을 조절하는 행위를 명상이라고 일컫는다. 그렇다면 진짜 명상은 과연 어느 쪽일까? 강아지 산책하기에서부터 식사 준비하기, 호흡 조절하기에 이르기까지 현저히 다른 행위들을 어떻게 모두 명상이라고 부를 수 있을까?

그렇게 다양한 정의를 한 단어에 넣으면 본래의 의미가 흐릿해지고 잠재의식도 혼란에 빠진다. 잠재의식은 읽기, 경험하기, 보기, 행동 반복하기 등을 통해 주입되는 정보를 기반으로 하여 형성된다. 때문에 잠재의식에 혼란을 일으키거나 과중한 부담을 지우지 않으려면 습득한 정보를 분명하게 정의하고 정리해야 한다. 그렇게 하면 잠재의식은 그 정보를 사용해 옳은 방식으로 우리를 도울 능력을 갖추게 된다.

그렇기에 나는 단어의 명확한 정의와 개념을 잠재의식에 심고, 그에 따라 그 정보를 쉽게 사용할 수 있게끔 잠재의식을 훈련시키고자 한다. 이런 훈련을 받은 잠재의식은 결국 우리가 인식과 마음의 개념을 보다 깊이 이해하도록 이끌고, 그 결과 초의식이 잠재의식을 이용해 작용하게끔 하는 일도 더 쉬워진다. 초의식의 작용이 가장 효과적일 때는 조직적이고 체계적으로 훈련받은 명확한 잠재의식과 함께할 때이기 때문이다.

초의식에 더욱 잘 접근할 수 있게끔 잠재의식을 재프로그래밍하는 훈련은 스승님으로부터의 배움에서도 큰 비중을 차지했다. 수도원의 모든 정례적 일상과 절차는 곧 잠재의식을 구조화하기 위한 훈련의 일환이었다.

'마음'과 '인식'의 올바른 사용으로 다시 돌아와보자. "내 마음은 항상 방황한다"는 잘못된 표현이지만 "내 인식은 항상 방황한다"는 올바른 표현이다. 우리의 내면을 돌아다니는 것은 마음이 아닌 인식이기 때문이다.

그런데 만약 올바른 용어 사용을 훈련하지 않은 채로 이 두 단어를 계속해서 서로 바꿔 사용한다면 어떻게 될까? 어떨 때는 "방금 마음이 딴 데 가 있었어"라 하고, 또 어떨 때는 "미안, 방금 뭐라고 했어? 인식이 딴 데 가 있었어"라 하는 식으로 말이다. 이럴 때마다 우리의 잠재의식은 혼란에 빠져버린다. "앉아"라는 단어를 주인이 '앉아'와 '달려'라는 의미 모두로 쓸 때 개가 혼란스러워지는 것과 마찬가지다.

이처럼 올바른 용어의 사용은 우리 학습에서 매우 중요하다. 특히 앞으로 일상에서 '마음'과 '인식'이란 단어를 사용할 때는 각별한 주의를 기울이길 바란다.

인식에 끌려다니지 말라

어느 조용한 토요일 오후, 집에서 특별한 할 없이 빈둥거리던 중 친구의 전화를 받는다. "얼마 전에 개봉한 007 영화나 보러 가자. 제임스 본드가 이번엔 무슨 일을 벌일지 보자고."

친구의 말에 신이 나서 대답한다. "좋아."

영화관에 도착해 온 동네 사람들이 먹을 수 있을 정도의 많은 팝콘을 사고, 다 마시면 방광이 터질 것 같은 큰 음료를 산다. 친구와 나란히 앉아 영화 시작 전 나오는 광고를 보며 수다를 떤다. 어젯밤 불거진 정치 논쟁에 관한 대화다. 마음속 인식은 이 대화 영역에 고정되어 있다. 잠시 후 조명이 점점 어두워지자 관객석 전체가 이내 조용해진다. 두 사람도 대화를 끝내고 스크린으로 인식을 이동시킨다.

007 영화의 오프닝 장면은 언제나 시선을 사로잡는다. 감독의 기괴하고 깊은 상상력에서 비롯된 연출은 우리의 인식을 이전에 머물던 마음속 영역에서 낚아채 흥분의 영역으로 끌고 가 고정시킨다. 제임스 본드가 기적적으로 탈출하는 대목에 이르면 우리는 시선을 스크린에 완전히 고정한 채 숨을 참으며 그 모습을 지켜본다.

세심하게 연출된 장면들이 이어지는 동안 우리의 인식은 마음속 한 영역에서 다른 영역으로 이리저리 튕겨 다닌다. 영화 속 감정의 힘은 우리의 인식을 자석처럼 끌어당겨 그 감정과 관련된 마음속 영역들로 이동시킨다. 그리고 영화가 끝난 뒤 조명이 밝아져도 그 흥분이 가시지 않은 나머지 친구를 보며 외친다. "굉장했어! 난 제임스 본드를 진짜 사랑한다니까!"

좋은 영화일수록 우리는 자신이 영화를 보고 있다는 사실을 깨닫지 못한다. 대단히 흥미로운 장면을 접하면 우리 인식은 바로 그 장면에 완전히 몰입하는 덕에 시간 가는 줄 모르고, 또 주변에 무엇이 있는지도 잊는다. 잠재의식이 우리의 손을 기계적으로 조종해 팝콘을 입에 넣고 콜라를 마시게 하는 동안, 인식은 그 영화의 감독이 세심하게 설계한 마음속 놀이기구에 올라타 여러 영역을 돌아다니고, 각 영역을 방문할 때마다 그와 관련된 감정을 경험한다.

그런 경험은 분명 우리가 영화 티켓을 살 때 기대했던 것이다. 우리는 티켓을 살 때 그런 즐거움을 얻는 데, 다시 말해 마음속 다양한 영역으로 이동하며 그것들을 경험하는 데 동의했다. 영화감독이 우리 인식을 자신이 원하는 마음속 여정으로 이끄는 걸 **허락**했다는 뜻이다.

우리가 깨달아야 할 가장 중요한 사실이 있다. 지금 막 이야기한 것과 정확히 같은 일이 많은 이들에게 하루 종일 일어난다는 것이다. 사람들은 대부분 자기도 모르게 환경, 즉 주변의 사람 및 사물이 하루 종일 자신의 인식을 마음속 한 영역에서 다른 영역으로 이동시키는 걸 허락한다. 그들 삶에 등장하는 사람과 사물은 그들이 매일 겪는 경험의 감독이 된다. 환경은 그들의 인식이 향할 방향을 지시하고, 그들로 하여금 하루 동안 무수히 많은 경험을 겪게 한다. 어떤 경험은 희망적인 데 반해 어떤 것은 그렇지 않고, 불안에 빠지게 하는 경험이 있는가 하면 즐거움을 주는 경험도 있다. 어떤 경험들을 할지 예측하는 것은 낙엽들이 땅 위 어디로 떨어질지를 예측하는 것만큼이나 어렵다.

영화 티켓을 살 때 자신이 그 영화를 보며 어떤 감정을 경험할지 어느 정도 예측할 수 있는 것과 달리, 하루 동안 우리가 겪을 감정들엔 어떤 것들이 있을지 예측하기가 쉽지 않다. 앞서 경험한 이들의 후기도 없고, 우리의 사전 동의를 받은 것도 아니기 때문이다. 하루 종일 우리 마음에선 여러 감정들로 인한 격변이 일어나고, 우리는 예측할 수 없는 하루를 보내게 된다.

인식이 향할 방향을 환경이 결정하게끔 허락해버리면 우리는 우리 주변을 둘러싼 모든 것들에 끌려다니게 된다. 그리고 그때의 우리 인식은 대본 없는 쇼의 배우가 된다. 대본이 없으면 줄거리를 예측하는 것이 불가능해지고, 그 결과 우리 마음과 신경계는 환경이 움직이는 대로 휘둘리게 된다. 이 과정은 잘 풀려나갈 수도 있지만, 끔찍하게 고통스러울 수도 있다.

프리야는 결혼해서 두 아이를 둔 사업가다. 지금부터는 그녀의 평범한 하루를 찬찬히 살펴보자.

아침에 일어나면 그녀의 인식은 사랑하는 식구들에게 집중된다. 변덕스러운 아이들을 구슬려 학교에 보내느라 아침마다 조금씩 혼란스러워지긴 하지만, 그녀의 마음속 인식은 대개 행복의 영역에 가 있다.

아이들을 학교에 내려준 뒤 프리야는 사무실로 향한다. 그런데 고속도로를 타고 가던 중 자동차 한 대가 갑자기 그녀의 차 앞으로 끼어드는 바람에 하마터면 충돌할 뻔한 상황이 벌어졌다. 꽤 심각한 사고를 당했을 수도 있었기에 프리야는 상당히 놀랐고, 이내 화가 났다. 차가 끼어드는 순간 그녀의 인식이 마음속 두려움의 영역으로 내던져졌다가 곧 이어 분노의 영역으로 튕겨 나간 것이다. 조금 전까지 그것이 머물렀던 마음속 행복의 영역은 이미 지나간 기억이 되어버렸다. 그녀는 화가 치밀어 올라 속으로 운전자를 저주하며 운전을 계속한다.

사무실 앞 주차장에 차를 세운 뒤에도 프리야의 감정은 고속도로에서의 일 때문에 여전히 격앙되어 있다. 하지만 그녀는 자신의 인식을 좀 더 희망적인 마음속 영역으로 이동시키기 위해 필사적으로 노력한다. 하루를 이런 식으로 시작할 순 없다는 생각이 들었고, 더 나아가 자신의 마음 상태는 팀에 엄청난 영향을 미친다는 사실을 알고 있기 때문이다. 아름다운 디자인의 사무실에 들어선 프리야는 팀원들에게 인사를 건네며 2층에 있는 자신의 방으로 향한다. 그런데 책상에 앉자마자 한 팀원이 겸연쩍은 표정을 지으며 들어와 이렇게 고백한다.

"팀장님, 죄송합니다. 프로젝트에 필요한 부품의 주문이 그만 늦어져버렸어요. 부품은 내일 배송된다고 하니 저희 프로젝트를 기존 계획대로 오늘 끝내긴 좀 어려울 듯합니다."

이 말을 듣자마자 프리야의 인식은 마음속 좌절의 영역으로 끌려간다. 잠시 머리를 움켜쥐었던 그녀는 고개를 들고 분노한 표정으로 말한다.

"대체 어째서 이런 상황이 발생한 거죠? 부품 주문은 지난주에 이미 확인한 사항이었잖아요. 게다가 우리 프로젝트가 오늘까지 반드시 마무리되어야 한다는 것도 여러 번 강조했고요."

직원은 이 문제의 해결책을 찾는 대화를 프리야와 나눈 뒤 방을 나갔다. 그제야 프리야는 천천히 숨을 내쉬며 의자에 몸을 기댄다. 그녀의 하루는 이제 시작일 뿐이다.

잠시 후 전화기가 울린다. 계약을 따내기 위해 프리야가 무려 7개월 동안 노력 중인 잠재 고객이 건 전화다. 전화기 너머의 목소리가 이렇게 말한다.

"저희에게 보내주신 제안을 봤습니다. 모든 항목이 만족스럽고 훌륭해 매우 마음에 드네요. 귀사와 계약하고 싶습니다!"

프리야는 뿌듯하다. 이 고객을 잡기 위해 지칠 새도 없이 일해온 끝에 마침내 성과를 거두었으니 말이다. 이제 그녀의 인식은 마음속 흥분의 영역에 들어섰다.

통화를 마친 프리야는 노트북을 열고 이메일을 확인하기 시작한다. 수신함에는 점심 전에 참석해야 하는 회의 네 개에 대한 알림을 포함, 53개의 새로운 메일이 도착해 있다. 방금 전까지 마음속 흥분의 영역에 머물렀던 그녀의 인식은 비록 속도는 느리지만 어쩔 수 없이 부담의 영역으로 미끄러지기 시작하고, 순간 느꼈던 뿌듯함 또한 그에 따라 점점 희미해진다.

프리야의 하루는 이제 고작 몇 시간이 흘렀을 뿐이다. 그러나 그 시간 동안 그녀의 인식은 핀볼 기계의 공처럼 마음 속 이곳저곳을 정신없이 튕겨 다녔다. 남은 하루도 다르지 않을 것이다.

빠르게 변화하는 감정을 프리야가 잇따라 경험한 건, 자신의 인식이 어디로 향하게 할지를 주변 사람과 사물이 결정하게끔 허락했기 때문이다. 빠른 감정 변화는 정신적으로든 정서적으로든 사람을 지치게 하고, 짧은 시간 동안 다양한 감정을 경험해야 하는 신경계에도 엄청난 긴장을 유발한다.

그리고 그 결과, 프리야는 자신을 둘러싼 모든 것의 노예가 된다. 환경은 그녀의 인식이 하루 동안 겪는 경험들의 대부분을 지시한다. 자신도 모르는 사이에 그녀는 환경이 자신의 인식을 한 영역에서 다른 영역으로 이동시키게끔 허락했고, 결과적으로 인식이 방문하는 마음속 영역에 따라 감정이 오르락내리락했다.

안타깝지만 이는 대개의 사람들이 일상을 살아가는 방식이다. 그들은 자신의 인식에 대한 통제권을 주변에 넘겨주고, 그렇기에 그들이 하루 동안 겪는 경험은 주변 환경이 어떤가에 따라 결정된다. 그들은 소셜미디어 피드에 올라온 고양이 동영상 하나에 함박웃음을 짓고, 메신저나 휴대전화로 전송된 문자메시지 하나로 광란의 논쟁에 휘말리기도 하며, 뉴스 하나로 우울한 느낌에 갇히거나 세상 돌아가는 방식에 의문을 품게 된다. 그들의 하루는 계속해서 그런 방식으로 흘러간다. 자신의 인식이 마음속에서 향할 방향을 통제하지 못하는 탓에 환경의 노예가 되는 것이다. 이럴 때 그들의 인식은 그들 주변을 둘러싼 사람과 사물의 변덕에 맞춰 춤추는 꼭두각시에 불과할 뿐이다.

당연한 말이지만 우리는 이렇게 살 필요가 없다. 인식을 통제하면, 즉 인식이 자신의 마음속 어디를 향하게 하고 싶은지 정확히 파악하고 그에 따른 선택을 내리면 쉽게 흔들리는 마음 상태에서 벗어날 수 있으니 말이다. 그리고 그럴 때에야 우리는 비로소 자유를 얻을 수 있다. 그 누구도, 또 그 무엇도 우리가 허락하지 않는 한 결코 우리의 감정을 결정할 수 없다는 뜻이다.

인식은 산책을 나온 개와 같다

앞서 했던 것처럼 이번에도 나는 비유의 방식을 이용해 설명해보려 한다. 우리의 인식을 개라고 상상해보자. 이때의 개에는 세 종류가 있다. ①훈련받은 개, ②훈련받지 않고 목줄에 매인 개, ③훈련받지 않고 목줄에 매이지도 않은 개가 그것이다.

③에 해당하는 개를 여러분은 어디서든 한 번쯤 본 적이 있을 것이다. 이런 개가 공원을 뛰어다니다가 혓바닥을 빼물고서 우리를 향해 미친 듯이 돌진하면 약간의 공포를 느끼기 마련이다. 목줄 없는 개는 에너지가 이끄는 대로, 다시 말해 불규칙한 경로로 내달린다. 또 고양이나 다른 개 혹은

겁에 질린 비둘기의 냄새 같은 것만으로도 쉬이 흥분에 이르고, 훈련받은 바가 없기 때문에 주인의 부름에도 귀를 기울이지 않는다. 그렇기에 배가 고파지거나 기진맥진해지지 않는 한, 이런 개를 통제하거나 주인에게 돌아오게 만들긴 어렵다.

사람들 중에도 이러한 ③의 개와 다를 바 없는 인식을 가진 이들이 있다. 의지력에 구속받지 않고, 주변의 모든 것에 무분별하게 휘둘리며, 마음속 여기저기를 이리저리 마구 뛰어다니는 인식 말이다. 이런 인식은 끊이지 않는 생각, 머릿속에서 벌어지는 대화와 논쟁, 결정을 내리지 못하는 갈등 등으로 표현될 수 있다. 심지어 피로가 몰려들어 몸이 잠든 상태에서도 이런 인식은 여전히 마음 주위를 뛰어다닌다. 끊임없는 불안, 기이한 꿈, 꽤 오래 잤음에도 마치 밤을 꼴딱 샌 것처럼 피로한 느낌 등이 그에 따르는 증상이다. 그럼에도 이 지칠 줄 모르는 개는 또 다른 정신없는 하루를 시작한다.

이제 ②의 개, 즉 훈련받지 않았으나 목줄에는 매여 있는 개를 살펴보자. 이 개는 목줄에 매여 있지만 내가 방금 묘사한 개의 행동 패턴들을 그대로 따른다. 뉴욕에서 지내던 시절에 흔히 봤던, 주인과 함께 산책하는 개들이 이 유형의 개에 해당한다고 할 수 있다. 이런 개들은 항상 도시의 냄새를 코로 흠뻑 마셔대고, 마치 주변을 탐사하는 듯 앞장서서 주인을 이리저리 잡아 끈다. 다만 사방으로 뛰어다니고 싶어도 목줄 탓에 주인과 일정 정도 이상으로 멀리 떨어지진 못한다는 것이 ③의 개와 다른 점이다.

앞서 언급했듯 인식을 개에 비유한다면, 인식에 대한 통제가 어느 정도 가능한 사람은 이런 개의 주인에 비유할 수 있다. 비록 자신의 인식이 어디에 머물고 있는지를 항상 파악하고 있는 건 아니지만, 필요시 이들은 인식을 통제하기에 충분한 의지력을 발휘한다. 함께 길을 가던 개가 걸음을 멈추고 수상한 곳에 코를 갖다 대면 주인이 즉각 개의 목줄을 뒤로 당기듯 말이다. 주인이 이렇게 적절히 대응함으로써 앞으로 다가올지 모르는 재앙을 예방하듯, 인식의 통제가 가능한 이들은 훗날 후회할 수도 있는 상황에 인식이 직면하고 있음을 알아채면 즉각 인식을 그것에서 물러나게한다.

마지막으로 ①의 개를 살펴보자. 버진아일랜드에서 휴가를 보내고 있던 어느 날, 나는 FBI의 직원 한 명을 알게 되었다. 그는 자신이 일하는 K-9소대(경찰견을 관리하는 소대—옮긴이)에서 독일셰퍼드 한 마리를 배정받았다며, 함께 산책하러 나가면 그 개는 목줄이 없어도 자신에게서 절대 멀리 떨어지지 않는다고 말했다. 이처럼 훈련된 개는 주인과의 적당한 거리를 정확히 알고 있기 때문에 목줄에 매여 있는가의 여부는 중요하지 않다.

통제와 관련해 그는 또 다른 이야기도 내게 들려주었다. 셰퍼드가 좋아하는 간식을 그릇에 가득 담아 눈앞 바닥에 내려놓으면서 "앉아서 기다려"라 지시했더니 그 개는 즉시 바닥에 앉은 채 주인이 허락하기만을 기다렸고, 1분쯤 지나 "먹어"라 지시하자 순식간에 그릇을 덮쳐 눈 깜짝할 사이에 비워버리더란 이야기였다. 입에서 침을 흘리며 기다리던 그 1분이 그 개에게는 몇 시간처럼 길게 느껴졌을 것이다.

세상에는 자신의 인식을 훈련시켜 그 셰퍼드처럼 복종하게끔 만드는 이들이 있다. 주변 환경과 무분별하게 관계 맺지 않고 곧은 자세를 유지하며 지혜의 지시를 기다리게끔 말이다. 인식에게 있어 의지력은 목줄, 지혜는 길잡이와 같다. 우리의 자유와 평화는 자신이 무엇과 혹은 누구와, 언제 어떻게 관계 맺을지를 선택할 수 있는 능력에서 나온다. 인식을 통제하는 흔치 않은 사람들에게 있어 마음은 삶의 경험에 대한 통제력의 진원지이자 보호되어야 할 성역이다. 인식을 얽어매지 않으면 마음은 언제 어느 때고 휘둘릴 수밖에 없다는 사실을 그들은 잘 알고 있다.

자신의 인식을 훈련받지 않은 개처럼 내버려두는 건 삶을 고단하게 만들고, 우리에게 주어진 귀중하고 한정된 시간과 에너지를 심히 낭비하게 만든다. 어떤 사람 혹은 사물과 얽히기 전에 셰퍼드처럼 지시를 기다릴 수 있게끔 우리의 인식을 훈련시키는 방법, 이것이 바로 우리가 궁극적으로 익혀야 하는 것이다.

자신의 인식을 통제하면 결국 자신의 삶을 훨씬 더 효과적으로 통제하는 것이 가능해진다. 주변 환경과 상호작용하는 방식, 경험에 반응하고 대응하는 방식, 결정을 내리는 방식 등을 통제할 수 있다면 분명 더 나은 결과를 얻을 것이다.

(참고로 덧붙일 말이 있다. 이 책에서 나는 인식이 마치 우리와 분리된 존재인 것처럼 이야기하고 있지만 실제로 그런 것은 아니다. 그저 명확한 개념 전달을 위해 의도적으로 그렇게 표현했음을 여러분이 기억해주길 바란다.)

에너지의 특성

"에너지는 인식이 향하는 곳으로 흐른다."

데바 스승님이 남긴 이 말은 인식과 에너지 사이의 관계를 완벽하게 표현한다. 이 구절은 마음의 내적 작용에 대한 스승님의 심오한 깨달음에서 비롯되었다. 그분은 이를 계기로 참나깨달음을 이루었고, 수십 년에 걸쳐 수없이 많은 사람들의 삶을 변화시켰다.

지금까지 우리는 인식에 대해 살펴봤지만, 실은 에너지도 인식 못지않게 중요하다. 마음을 제대로 이해하려면 마음 속에서 에너지가 어떤 역할을 하는지도 알아야 한다.

전통적인 방식을 따라 우선 에너지라는 단어를 정의하고 그 안으로 들어가보자. 에너지란 단어는 매우 흔히 사용되지만, 이를 정확히 정의할 수 있는 사람이 과연 몇 명이나 될지 의문이다. 과학자들은 에너지를 '일을 하는 능력 또는 역량'이라 정의하고, 사전에선 '무엇을 할 수 있는 신체적 또는 정신적 힘'이라 표현한다.

나는 에너지를 '모든 존재에 스며드는 순수한 지적 힘'이라고 정의한다. 에너지는 당신과 내 안에 있다. 또한 바람에 흔들리는 나무, 흐르고 증발하는 물, 햇빛을 가리는 구름, 밤하늘에서 반짝이는 별, 그 외 눈에 보이거나 보이지 않는 모든 존재 안에 있다. 에너지는 변화하지만 삶에서 유일하게 영원한 것이고, 삶의 모든 것을 구성하는 우리의 본질이다. 그리고 그러한 에너지에는 다음과 같은 특성이 있다.

- 에너지는 생성되거나 파괴될 수 없다.
- 에너지는 한 물체에서 다른 물체로 이동될 수 있다.
- 에너지는 한 형태에서 다른 형태로 변형될 수 있다.

"우주의 비밀을 찾고 싶다면 에너지, 주파수, 진동의 관점에서 생각하라."

이는 세르비아계 미국인 과학자 니콜라 테슬라Nikola Tesla가 에너지에 대해 남긴 훌륭한 통찰이다. 동시에 이 말은 내가 공부한 힌두 철학의 기본 원리를 매우 간결하게 표현한 것이기도 하다.

테슬라의 말을 조금 더 풀어 설명하자면 이렇다. 모든 것은 에너지로 이루어져 있고, 그 에너지는 일정한 주파수로 진동한다. 어떤 에너지가 우리와 잘 맞는가의 여부는 그것이 어떤 주파수로 진동하느냐에 달려 있다.

사람들은 종종 "여기엔 좋은 에너지가 흐르는 것 같은걸", "여기서는 나쁜 에너지가 느껴져" 같은 말을 하곤 한다. 하지만 좋은 에너지나 나쁜 에너지 같은 것은 없다. 그저 우리와 맞거나 맞지 않는 주파수로 진동하는 에너지만 있을 뿐이다. 헤비메탈 음악을 들으면 어떤 사람은 힘이 솟는 데 반해 어떤 사람은 그저 머리만 아플 뿐인 것도 이런 원리로 설명 가능하다.

앞서 나는 "물을 바라보는 방식으로 에너지를 바라보라"는 말을 했다. 정원에 물을 주면 잡초든 꽃이든 자라기 시작할 텐데, 에너지도 이와 동일한 방식으로 작용한다. 다시 말해 우리가 무언가에 에너지를 쏟으면, 그것을 받는 대상은 긍정적인 것이 되었든 부정적인 것이 되었든 점점 성장해 우리 삶에 제 모습을 드러내기에 이른다. 여기서 주목해야 할 것은 바로 에너지에겐 긍정적인 대상과 부정적인 대상을 구별하는 능력이 없다는 사실이다.

이 사실을 "에너지는 인식이 향하는 곳으로 흐른다"라는 스승님의 말과 함께 마음에 새기면 다음과 같은 결론을 내릴 수 있다.

'우리의 인식이 향하는 곳은 곧 우리의 에너지가 향하는 곳이며, 에너지가 향하는 목적지는 곧 우리 삶에서 실현되는 대상이다.'

우리가 파악해야 할 이 중요한 원칙은 삶에서 무언가가 실현되는 원리, 그리고 마음속 패턴이 형성 및 강화되는 방식 등을 설명하는 기초를 이룬다. 그러니 다시 한번 이 말을 기억해두자.

에너지는 인식이 향하는 곳으로 흐른다.

이제 여러분은 마음, 인식, 에너지가 함께 작용하는 방식도 이해할 수 있을 것이다. 인식이라는 빛 덩어리가 마음의 특정 영역으로 이동하면 에너지도 그 영역으로 향하고, 그에 따라 그곳은 점차 강해진다는 방식을 말이다.

정원에 빗댄 마음

앞에서 나는 마음을 저택에 비유한 바 있는데, 이번에는 그것을 수많은 화단이 어우러진 아름답고 광대한 정원이라고 상상해보자. 한 화단에선 장미가, 다른 화단에선 국화가, 또 다른 화단에선 수국 등이 자라고 있다. 이 넓은 정원에는 적어도 이런 화단이 마흔 개 이상 존재하고, 꽃과 허브 등이 자라고 있는 각 화단들은 자갈길을 사이에 두고서 일정 간격으로 떨어져 있다.

그중 오직 장미를 심은 화단에만 한 달간 물을 준다면 어떤 일이 벌어질까? 장미는 크고 아름답게 자라겠지만 국화나 수국을 비롯한 여타 모든 식물들은 이내 시들기 시작할 테고, 점점 늘어지다가 종국엔 죽어버릴 것이다.

그렇다면 각각의 화단이 자리한 그 큰 정원이 곧 우리 마음이라고 생각해보자. 각 화단은 각기 다른 마음속 영역을 나타낸다. 어떤 화단은 동정심, 다른 화단은 행복, 또 다른 화단은 질투, 그 옆 화단은 분노(여러분도 이미 알고 있다시피 분노와 질투는 이웃지간이다), 또 어떤 화단은 기쁨에 해당하는 식이다.

만약 우리의 인식이 분노의 화단으로 가면 우리의 에너지는 그곳으로 흐른다. 에너지가 이곳, 즉 분노의 화단으로 향하면 우리 마음속 분노의 영역이 강화되기 시작하고, 더 많은 에너지가 이곳에 쌓일수록 이 영역의 힘도 더욱 강해진다. 반대로 우리의 인식이 행복의 화단, 즉 마음속 행복의 영역으로 가면 에너지 역시 그곳으로 향하고, 그 영역은 점차 강해진다. 다른 영역들보다 그 영역에 더 많은 에너지가 주입되기 때문이다. 다시 말해 인식이 향하는 영역은 수많은 화단들이 가득한 정원에서 우리가 특별히 '물을 주는' 화단이라 할 수 있다.

그렇다면 마음속에서 에너지가 흐르는 방향, 마음속에서 강해지는 영역을 우리는 과연 통제할 수 있을까? 인식이 향하는 방향을 통제하면 에너지가 흐르는 방향을 통제할 수 있다. 이는 자신의 수많은 마음속 영역들 중 어떤 것을 강하게 만들어나갈지, 그리고 그 결과 자신의 삶이 어떤 모습으로 실현되게 할지에 대한 통제로 이어진다. 아마 여러분은 자신이 지난 몇 년간 어떤 화단들, 즉 수많은 마음속 영역 중 어떤 것들에 물을 주어왔는지 이미 알고 있을 것이다. 이제부터 여러분은 그 화단들 중 어떤 건 앞으로도 계속 잘 가꿔나가야 하는 데 반해, 어떤 건 그 안에 무성히 자리 잡은 가시 돋친 잡초들을 뿌리째 뽑아낸 뒤 다시금 처음부터 관리를 시작해야 한다.

인식과 에너지의 흐름

앞서 나는 '인식이 마음속 특정 영역으로 반복적으로 향하면 그곳으로 더 많은 에너지가 흐르고 그 영역은 강해진다'는 점을 이야기했다. 그런데 마음속 영역이 강해진다는 건 무엇을 의미할까? 이 질문에 답하려면 에너지와 감정, 인식 사이의 관계를 이해해야 한다.

마음속 강한 영역은 에너지가 지속적으로 투자됨으로써 만들어진다. 그런데 '강한 영역'이 곧 '긍정적인 영역'을 뜻하는 건 아니다. 마음속 부정적인 영역으로 자신의 인식을 꾸준히 반복적으로 이동시킴으로써 그 영역을 매우 강하게 키우는 사람들도 많으니 말이다.

그런데 에너지에는 중요한 특성 하나가 있다. 자석처럼 끌어당기는 힘이다. 마음속 특정 영역에 에너지가 쌓이면 그에 따라 그 영역이 무언가를 끌어당기는 힘이 강해지고, 그 힘이 강해질수록 인식은 더욱 쉽게 그곳으로 끌려간다.

또한 마음속 특정 영역으로 향하는 에너지는 그 영역의 특징을 띠게 된다. 가령 분노의 영역을 향해 흐르는 에너지는 분노의 감정이 되고, 반대로 행복의 영역을 향해 흐르는 에너지는 행복의 감정이 되는 것이다.

케이크 위의 생크림

나는 감정을 '자신을 표현하는 에너지'라고 정의한다. 우리 모두의 안에는 에너지가 있다. 그 에너지는 행복, 분노, 슬픔, 기쁨 등과 같은 감정의 형태를 띠고서 우리 밖으로 표출된다.

에너지 자체는 특정 주파수를 갖지 않는다. 다만 특정 영역으로 향할 때, 그것과 연관된 주파수로 바뀔 뿐이다. 마음속 행복의 영역으로 이동하는 에너지의 주파수는 행복과 연관된 주파수로 바뀌는 식이다. 그리고 행복의 주파수로 진동하며 밖으로 나올 때, 그 에너지는 행복이란 감정의 형태를 띤다.

케이크 위를 생크림으로 장식해본 경험이 있는가? 장식을 하려면 우선 생크림을 짤주머니에 넣고, 자신이 원하는 패턴의 깍지를 짤주머니 끝에 끼운 뒤, 짤주머니 안의 크림을 손으로 밀어 짜내면 된다. 그렇게 하면 생크림은 짤주머니 끝에 끼워진 깍지의 모양대로 나올 것이다.

이때의 짤주머니는 마음, 생크림은 에너지, 그리고 다양한 패턴의 깍지는 마음의 다양한 영역이라 할 수 있다. 짤주머니 속 생크림은 그저 생크림에 불과하기기에 특정 형태를 갖진 않는다. 내가 끼운 깍지의 패턴에 따라 그 모양대로 나올 뿐이다.

에너지도 마찬가지다. 에너지는 그저 에너지에 불과하기에 고유의 형태랄 게 없다. 다만 마음속 한 영역을 통과해 반대편으로 나오면서, 그 영역의 진동을 그대로 이어받을 뿐이다. 즉, 행복 모양의 깍지로 흘러나오는 에너지는 행복의 감정으로, 분노 모양의 깍지로 흘러나오는 에너지는 분노의 감정으로 표출되는 것이다.

따라서 표출되는 감정의 중심에 있는 것은 결국 해당 주파수로 진동하는 에너지라 할 수 있다. "우주의 비밀을 찾고 싶다면 에너지, 주파수, 진동의 관점에서 생각하라"라는 테슬라의 말은 에너지의 본질을 매우 간결하고 아름답게 표현하는 것이라고 앞서 말한 이유가 바로 이것이다.

그런가 하면 에너지와 관련된 이런 말도 있다. "**감정은 에너지이고, 에너지에는 끌어당기는 성질이 있다.**" 감정이란 에너지가 더 많이 표출될수록 그것이 인식을 끌어당기는 힘도 세다는 뜻이다.

어떤 사람들의 마음속에는 그들이 수십 년간 에너지를 쌓아온 영역이 존재한다. 그런 영역은 에너지로 가득 차 있기에 인식이 그 중력장(끌어당기는 힘이 작용하는 공간)을 벗어나는 건 매우 어렵다. 그들의 인식은 거의 영원히 그 영역에 머무른다. 중요한 것은 이 영역은 긍정적인 영역일 수도, 부정적인 영역일 수도 있다는 점이다.

항상 부정적이거나 슬프거나 우울한 사람, 이런 이를 여러분도 한 번쯤은 만나본 적이 있을 것이다. 수년 동안 그런 영역에 너무 많은 에너지를 투자한 결과, 그의 인식이 하루 종일 붙들려 있을 정도로 그 영역의 끌어당기는 힘이 강해진 사람 말이다. 인식이 항상 부정적 영역에 머무는 사람은 평소 내보이는 반응이나 태도도 항상 부정적이기 마련이다.

이렇듯 에너지가 가득 들어찬 마음속 영역은 곧 인식이 영원히 머무는 집이 된다. 그러나 그렇다 해서 인식이 이런 영역들에만 끌어당겨지는 것은 아니다.

많은 사람들의 무의식 속에는 미해결된 감정적 경험, 다시 말해 삶의 어느 시점에 겪긴 했으나 아직 해결되진 않은 경험이 간직되어 있다. 이러한 경험은 감정을 담고 있으며, 강력한 자석처럼 반복적으로 그들의 인식을 끌어당긴다. 이것이 바로 우리가 자신의 과거를 자꾸만 떠올리게 되는 이유다. 또한 그 경험과 연결된 감정이 강렬할수록 인식도 강하게 끌어당겨진다. 이는 인식이 향하는 방향에 영향을 미치는 에너지가 마음속에 쌓이는 또 다른 방식이다. 무의식에 저장된 미해결된 감정적 경험은 광대한 우리 정신을 상당 부분 무력하게 만든다.

가까운 사람과 무언가에 대해 열띤 논쟁을 벌였으나 끝내 해결하진 못한 채 내버려두기로 한 상황을 상상해보자. 이때부터 우리의 잠재의식에는 감정이 내재된 경험 하나가 상주하기 시작한다. 열띠었던 논쟁은 많은 감정을 불러일으켰기 때문에 그 논쟁의 경험은 잠재의식 속에서 매우 강한 힘으로 인식을 끌어당긴다. 그렇게 미해결된 감정적 경험이 인식과 연결될 때마다 우리는 해당 문제를 다시 떠올리고, 머릿속에선 다시 한번 논쟁이 벌어진다.

잠재의식 속 경험에 들어 있는 감정은 이처럼 계속해서 인식을 끌어당기는 힘을 갖는다. 하지만 그 감정이 경험 밖으로 이동하고 나면 경험의 그 힘도 사라진다. 그리고 이 시점부터 그 경험은 우리에게 아무런 감정적 영향을 미치지 않는다.

우리 마음을 관찰해보면, 잠재의식에 머무는 경험은 그 안에 감정이 많이 담겨 있을수록 인식을 더 강하게 끌어당긴다는 점을 알 수 있다. 그 감정이 긍정적인 것이든 부정적인 것이든 상관없이 말이다.

부정적인 경험을 예로 들어 좀 더 생각해보자. 우리가 기억하고 있는 부정적 경험들 중 어떤 것들은 최근 몇 년 사이의 것일 터다. 그러나 어떤 것은 수십 년 전의 것일 수 있다. 그토록 오래전의 것임에도 그 경험은 여전히 그 안에 감정을, 또 인식을 끌어당기는 힘을 갖고 있다. 해결되지 않은 상태로 남아 있는 경험이기 때문이다.

그러나 경험에 내재된 감정이 더 이상 영향을 발휘하지 못하게끔 하는 방법이 있다. 바로 그 감정과 관련된 문제를 이해의 영역으로 가져가는 것이다. 그곳에서는 경험을 객관적으로 바라볼 수 있고, 그것에서 배움을 얻을 수 있기 때문이다. 다양한 형태의 치료 및 영적 실천은 그런 과정을 가능케 해준다. 반면 경험에 감정적으로 반응하면 그 경험에서 배움을 얻기가 매우 어려워진다.

베일에 싸인 진실

몇 번 반복해서 말했듯 에너지는 인식이 향하는 곳으로 흐른다. 그렇다면 '인식과 에너지는 동일하다'라는 결론을 내려볼 수도 있지 않을까?

인식은 집중된 에너지다. 인식을 집중시키는 것은 에너지를 집중시키는 것과 같다. 에너지가 흩어지면 인식도 흩어진다.

호흡을 조절하고 에너지를 모아 한곳으로 집중시키면 마

음의 중심이 잡히고, 마음의 중심이 잡히면 안정되는 느낌이 든다. 이 또한 에너지를 모으면 인식이 모이고, 에너지를 집중하면 인식이 집중되기 때문이다.

삶에서 무언가를 실현하고 싶다면 그것에 에너지를 쏟아야 한다. 기억하라. 우리의 삶은 자신의 에너지를 어디에 투자하느냐에 따라 각자 다른 모습으로 나타난다. 지금 당신 주변 사람과 사물, 기회 들은 모두 그간 당신이 자신의 에너지를 어디에 투자해왔는지, 그리고 당신의 인식이 마음속 어느 영역에서 시간을 보내왔는지를 보여주는 증거다. 당신이 에너지를 투자하는 대상이 무엇이든, 그것은 당신의 삶에서 제 모습을 드러내기 시작할 것이다.

다시 한번 반복한다. 인식이 어디로 향하게 할지 통제할 수 있다면 에너지가 어디로 향하게 할지를 통제할 수 있고, 그 결과 자신의 삶이 어떤 모습으로 실현될지도 통제할 수 있다. 이것이 바로 인식과 마음을 이해하는 일의 중요성, 그리고 인식이 마음속에서 향하는 방향을 통제하는 일의 중요성을 내가 계속해서 강조하는 이유다.

우리가 무언가를 실현하지 못하는 건 대체로 자신의 인식을 활용하고 집중시키는 능력, 다시 말해 에너지를 활용하고 집중시키는 능력이 없기 때문이다. 원하는 어떤 것이 있다 해도 그것에 충분한 에너지를 투자할 수 없다면 결실을 기대하지 말라. 물론 삶에서 원하는 바를 실현하는 데 필요한 다른 요소들도 있지만, 인식과 에너지를 활용하고 집중시키는 능력만큼은 반드시 갖춰야 한다. 중요한 건 우리가 분명히 그 능력을 키워나갈 수 있다는 사실, 그리고 그 누구도 우리에게서 그 선택권을 빼앗아갈 순 없다는 사실이다. 우리 인식의 진정한 관리자는 우리 자신이기 때문이다.

모든 것은 먼저 마음속에서 모습을 드러낸 뒤 물리적 세상에서 실현된다. 그렇기에 우리 삶에 무엇이 실현되는가는 결국 우리의 인식이 우리 마음속에서 지속적으로 어디를 향하느냐에서부터 시작된다.

그렇다면 삶에서 무언가를 제거하고 싶을 땐 어떻게 해야 할까? 이에 대한 답도 마찬가지의 원리를 바탕으로 생각해볼 수 있다. 그 무언가로 향하는 에너지부터 제거하면 된다. 그럼 그 에너지는 어떻게 제거해야 할까? 인식을 그 무언가로부터 멀어지게 하면 된다. 그렇게 하면 그 무언가는 성장을 멈출 것이기 때문이다. 이것이 인식과 에너지가 작용하는 방식임을 항상 기억하라.

LESSON · 6

마음속의 길 만들기

우리 중 용감한 여행자들은 세계 탐험을 좋아한다. 새로운 장소를 보고 다양한 문화와 전통, 음식 등을 경험하는 일에 끌리는 것이다. 그런데 보통 사람들은 물론이거니와 그렇게 새로움을 강하게 갈망하는 이들에게도 계속해서 찾게 되는 특별한 장소들이 한두 곳쯤은 있기 마련이다. 맘에 들어 오랜 세월 동안 방문해온 훌륭한 식당, 카페, 산책로 같은 곳들 말이다. 그런 장소에 들어설 때마다 사람들은 마치 집에 돌아온 듯한 느낌이 든다. 익숙함에서 오는 편안함 덕이다.

이 원리는 마음 탐구에도 그대로 적용된다. 우리 중 일부는 마음 탐구를 좋아하는데, 그런 경향은 호기심, 배움에 대한 흥미, 새로운 것을 향한 끌림 등의 형태로 나타난다. 그리고 이러한 것들은 우리 인식이 마음속 다양한 영역을 돌아다니게끔 만든다.

그런데 우리 마음속엔 특히 우리가, 즉 우리의 인식이 자주 방문해 익숙해진 영역들이 있다. 긍정적 영역이냐 부정적 영역이냐에 상관없이, 그곳들은 우리가 오랜 시간에 걸쳐 자주 드나들면서 습관적으로 찾는 곳이 되었다. 그리고 우리는 그곳에 가면 무엇을 볼 수 있는지 이미 알고 있다. 익숙함은 안전함을 낳기에 우리는 자신이 이미 알고 있는 장소나 대상에서 안전함을 느낀다. 설사 그 장소나 대상이 우리에게 도움이 되지 않는다 해도 말이다.

우리는 마음속 영역들 중 어떤 곳에 일부러 방문하기도 하고, 그래서 자신이 그곳에 있다는 사실을 매우 잘 인지한다. 그런가 하면 자신도 모르게 방문하곤 하는 영역도 있다. 이런 일은 대개 잠재의식 속에 뿌리박힌 오랜 습관 패턴에 이끌리거나 주변 환경의 영향을 받아 일어난다. 가령 부모로부터 항상 무시와 구박을 받아온 사람이라면 시간이 흐를수록 점점 깎여나가는 자존감으로 인해 마음속 우울의 영역으로 자꾸 향하게 된다.

우리에게 있어 집과도 같은 마음속 영역에는 그곳으로 향하는 길이 있다. 인식이 수년 동안 오가며 갈고닦은 길이다.

　코스타리카 정글을 탐험하는 어느 탐험가를 상상해보자. 며칠 동안 울창한 열대우림을 헤치고 나아가니 10미터 높이의 웅장한 폭포가 나타난다. 그는 자신의 발견을 다른 이들과 공유하고 싶은 마음이 간절하다. 그런데 다른 사람들을 이 폭포로 데려오려면 이곳으로 길을 내야 한다. 그는 시작점으로 다시 돌아가 자신이 지나온 길을 따라 표시를 남기며 폭포로 향하는 길을 만든다. 한 달 뒤, 탐험가는 한 무리의 사람들을 데리고 이 폭포로 향한다. 그런데 그사이 정글 속 식물들이 탐욕스럽게 다시 자라난 탓에 한 달 전 그가 남긴 표시는 잘 눈에 띄지 않는다. 그래서 그들은 폭포까지 가는 길에 새로 자라난 식물과 나뭇가지들을 제거해, 길을 더 눈에 띄고 찾아가기 쉽게 만든다.

　그후 5년이 흐르는 동안 수천 명이 이 폭포를 방문했다. 탐험가가 처음 냈던 길은 이제 어떤 모습을 띠고 있을까? 그가 처음 폭포를 찾았을 때와 같은 모습일까? 당연히 아니다. 그 길은 1.5미터 너비의 선명한 오솔길이 되었고, 그 길에는 그 어떠한 장애물도 존재하지 않는다. 그 덕에 폭포를 보고 싶은 사람이라면 누구나 쉽고 빠르게 폭포에 접근하는 것이 가능해졌다.

　인식과 마음도 이와 같은 방식으로 작용한다. 인식을 탐험가에, 마음을 정글에 빗대 생각해보자. 인식이 마음의 특정 영역을 오가는 동안 마음속에는 그곳으로 향하는 길이 만들어진다. 폭포로 가는 길이 만들어지듯 말이다. 그리고 그 길은 인식이 자주 오갈수록 더욱 선명해진다. 길의 모양은 인식이 그 길을 얼마나 꾸준히 그리고 자주 오가냐에 따라 달라진다. 홈, 즉 마음에 새겨진 자국이 더 깊을수록 인식이 자주 찾는 영역을 찾아가는 일도 보다 쉬워진다. 매번 새로운 길을 만들 필요가 없고, 잘 파인 그 홈을 타고 목적지로 이동하기만 하면 되는 것이다.

매우 쉽게 화를 내는 사람을 만나본 적이 있는가? 그런 사람은 정말 사소한 일에도 기분이 상해 쉽게 화를 낸다. 그런 이의 마음속에는 인식이 분노의 영역으로 빈번히 지나다닌 자국이 깊이 새겨져 있다. 그리고 그런 이의 인식은 마음속 어느 영역에 있었든, 작은 계기만 생겨도 분노의 영역으로 순식간에 이동한다. 길이 이미 아주 선명하게 나 있기 때문에, 인식은 어떠한 저항 없이 아주 쉽게 그곳으로 이동할 수 있는 것이다.

그렇게 인식이 마음속 분노의 영역에 도달하면 에너지 역시 그곳으로 향한다. 이때 에너지는 분노의 주파수로 진동하기 시작해 분노의 감정으로 표출된다. 매우 쉽게 화를 내는 사람은 마음속 분노의 영역으로 가는 고속도로를 닦아놓은 사람이다.

그런가 하면 마음속 행복의 영역으로 향하는 홈을 깊게

파 놓은 사람들도 있다. 앞서 잠시 언급했던 모리셔스 출신의 남자는 인식이 항상 마음속 행복의 영역으로 빠르게 이동했는데, 나는 그가 그 길을 깊이 닦아놓았을 거라 생각한다. 익숙한 누군가와 마주치는 것만으로도 그의 인식은 마음속 행복의 영역으로 돌진한다. 그러면 그의 에너지는 행복의 주파수로 진동하기 시작하고, 행복의 감정과 전염성 있는 미소로 표출된다.

우리의 인식이 매일 마음속에서 어디로 향하는지는 대개 우리 마음속에 존재하는 길에 따라 결정된다. 그렇기에 우리가 인식이 향하는 방향을 통제하지 못하면, 인식의 목적지는 마음속에 이미 굳어진 길로 향한다.

이제 이번 레슨에서 배운 내용을 에너지와 감정을 다룬 이전의 레슨들과 연관 지어 정리해보자. 인식이 마음속 한 영역으로 반복적으로 이동할 때면 다음과 같은 일들이 일어난다.

1. 에너지는 인식이 향하는 곳에 쌓인다.
2. 에너지가 쌓여 강화된 그 영역은 끌어당기는 힘이 매우 세다.
3. 그 영역에는 선명한 길이 만들어진다.

끌어당기는 힘이 매우 센 마음속 영역과 선명한 길이 만

나면 인식은 쉽게 굴복한다. 인식이 쉽게 빨려 들어가는 영역이 바로 이러한 곳이다. 이러한 영역은 인식을 일정 강도로 꾸준히 끌어당기기 때문에, 인식을 통제하는 힘이 조금이라도 느슨해지면 인식은 잘 닦인 길을 따라 그 영역으로 쉽게 이동한다.

어떤 사람이 매일 아침에 일어나 하루를 여는 첫 번째 행위로 한 시간 동안의 명상 수련을 한다고 가정해보자. 이는 틀림없이 더 높은 수준의 마음 상태로 향하는 길을 닦아 나가는 행위다. 그리고 그는 자신의 인식이 의식에서 출발해 잠재의식을 재빨리 통과한 다음 초의식의 영역으로 향하도록 이끌 수 있다. 이런 수련을 꾸준히 해나가면 마음속 길을 다지고 최종 목적지에 에너지를 쌓는 일이 쉬워진다. 머지않아 마음속에는 깊은 홈이 파이고, 끌어당기는 힘이 매우 센 영역이 생겨날 것이다.

그런 영역은 인식을 꾸준한 힘으로 끌어당기고, 그래서 인식은 그곳에 항상 접근할 수 있다. 가령 그가 어느 하루 힘든 일을 겪는다면 그의 인식은 마음속 초의식의 영역으로 향하는 길을 아주 쉽게 따라갈 것이다. 그 결과 그는 보다 높은 수준의 마음 상태에서 힘든 일을 바라보고, 그에 따라 자신이 직면한 어려움에 어떻게 반응할지를 현명하게 결정하는 것이 가능해진다.

나는 이렇게 더 높은 수준의 마음 상태로 향하는 길을 닦아온 사람들을 알고 있다. 그들은 언제나 자신에게 닥친 어려움을 보다 현명한 시각으로 꿰뚫어 본다. 문제에 직면하면 그들의 인식은 수년간 닦아놓아 왕래가 잦았던 길을 따라 더 높은 수준의 마음 상태로 향한다. 인식이 그곳에 도달하면 이제 그들은 자신이 마주한 문제를 높은 수준의 마음 상태로 바라보고, 그럼으로써 다른 이들은 찾지 못한 해결책을 발견해낸다. 이렇듯 끌어당기는 힘이 점차 강해진 마음속 영역은 인식이 기본적으로 향하는 곳이 되고, 한 사람에게 있어 그런 영역은 여러 개가 존재할 수 있다.

스승님은 내게 마음속 길의 개념을 처음으로 알려준 사람이다. 그분은 마음속 다양한 영역으로 향하는 길을 제시했는데, 특히 초의식 상태에 대한 그분의 정의는 수도승들이 마음속 영역을 정확하게 찾아내는 데 도움이 되었다. 명확히 정의된 목적지로 우리가 더 많이 이동할수록 그 목적지로 가는 길은 더 선명해졌고, 그 결과 우리가 그곳에 도달하는 것 역시 점점 더 쉬워졌다.

인간은 지구상에 수없이 많은 길을 개척해왔고, 그 길들에는 반드시 분명한 목적지가 정해져 있다. 에베레스트 정상에 이르는 길, 뉴욕에서 로스앤젤레스로 가는 고속도로, 폭포와 같은 멋진 경치가 있는 곳으로 이끄는 국립공원 하이킹 코스 등이 그 예다. 목적지 없는 고속도로의 건설에 시간과 에너지, 막대한 돈을 투자하는 정부는 어디에도 없다.

우리도 마음속에 새로운 길을 개척할 수 있다. **길은 매우 중요하다. 그리고 목적지는 그보다 더 중요하다. 길을 정의하는 것은 목적지이기 때문이다.** 그러니 길을 만드는 일보다는 목적지를 먼저 정하는 게 우선이다. 그런 다음엔 마음속에서 인식을 통제할 수 있어야 한다. 그래야만 길을 만드는 과정이 시작된다.

하지만 명심해야 할 사실이 있다. 바로 의식적으로든 무의식적으로든, 어떤 특정 행동이 반복적으로 이뤄지면 그에 따르는 길이 마음속에 만들어지기 시작한다는 것이다. 다시 말해 인식이 마음속 어느 영역에 자주 방문하고, 그로 인해 그 영역의 끌어당기는 힘이 매우 세지며 그곳으로 향하는 길도 잘 닦인다면 그 영역은 인식이 선택하는 목적지가 된다. 이것이 바로 우리가 인식과 마음의 작용 방식을 이해하고 마음속에서 인식을 통제할 수 있도록 노력해야 하는 또 다른 이유다.

CHAPTER 5

깊은 삶을 위해 인식을 통제하라

매일 마음과 씨름하며 집중하려, 명상하려, 평온해지려,
느긋해지려 수없이 노력하는 이들이여,
계속 노력하라. 모든 긍정적 노력은 헛되지 않는다.
– 데바 스승님

목적과 목표 정의하기

인식과 마음의 작용 방식을 배우는 목적과 목표는 무엇일까? 목표는 단 하나다. 마음속에서 인식을 통제하는 능력, 즉 어느 순간에든 인식을 자신의 마음속 어느 영역으로 이동시킬지 선택하는 능력을 얻는 것이다. 그와 달리 목적에는 여러 가지가 있을 수 있다. 집중력 키우기, 두려움과 걱정 극복하기, 불안과 스트레스 없애기, 관찰력 기르기, 더 높은 수준의 마음 상태 경험하기 등이 그 예다.

그러한 목적과 목표를 이루기 위해선 '인식을 통제한다'라는 말의 의미부터 이해하는 것이 중요하다. 우선 이 말은 우리가 어느 순간에든 자신의 인식이 마음속 어디에 머무를지 선택할 수 있음을 뜻한다. 또한 자신이 선택하지 않은 마음속 영역으로 인식을 이동시키려는 내부·외부의 힘은 극복 가능한 대상임을 의미하기도 한다.

　나는 뉴욕 시내를 돌아다닐 때 지하철을 이용한다. 하루는 지하철 좌석에 앉아 스마트폰으로 뉴스 기사를 읽고 있었는데, 그러던 중 나와 멀지 않은 곳에 서서 말다툼하고 있는 커플을 보았다.
　당시 지하철 안은 그다지 붐비지 않았는데, 뉴욕에서 이 말은 모든 좌석이 다 차고 몇몇 사람들만 서 있는 상태임을 의미한다. 그 커플은 감정적인 말들을 주고받으면서도 금속 안전봉을 꼭 붙잡고 있었다. 안전봉은 그 둘 사이에서 흔들리지 않는 유일한 존재처럼 보였다. 열차가 다음 정류장으로 진입할 즈음 그 커플은 서로를 향해 목소리를 높였고, 그 덕에 그들 주위에 있던 이들도 그들이 나누는 대화를 전부 들을 수 있었다.
　"당신이 그런 짓을 하다니 믿을 수 없어. 그러면 안 되는 거잖아."
　여자가 소리 지르자 남자는 이렇게 쏘아붙였다.
　"난 내가 원하는 건 뭐든 할 수 있어. 네 빌어먹을 허락 따윈 필요 없다고!"
　남자의 반응은 이미 격해져 있는 그녀의 감정에 기름을

끼였었다. 그들은 서로에게 화를 내며 점점 목소리를 높였다. 그 다툼에 완전히 몰입한 나머지, 그들의 인식은 자신들의 목소리가 열차 내 모든 승객들에게 들린다는 사실도 깨닫지 못했다.

이윽고 내 눈에는 그들의 격해진 다툼이 다른 승객들에게 미치는 파급 효과가 들어오기 시작했다. 어떤 상황에 대한 한 사람 한 사람의 반응들을 살펴보면 그들이 자신의 인식을 얼만큼 통제할 수 있는지, 또 그들의 인식이 어디로 향하는지를 볼 수 있다.

두 사람의 격앙된 목소리에 가장 먼저 반응을 보인 것은 그 커플과의 거리가 가장 가까운 승객들이었다. 그들의 인식이 그 다툼에 이끌렸기 때문이다. 커플 옆에 서 있던 여성은 못마땅하다는 듯 눈을 굴리며 한숨을 내쉬더니 손을 아래로 뻗어 장바구니를 집어 들고선 반대쪽 끝으로 자리를 옮겼다. 이때 그녀의 인식은 마음속 짜증의 영역으로 이동했다.

헤드폰에서 흘러나오는 귀청 터질 듯한 음악에 맞춰 고개를 까닥거리던 청년은 커플을 보며 살며시 미소를 지었다. 이때 그의 인식은 마음속 즐거움의 영역으로 이동했다. 그는 이 상황이 어떻게 전개될지 지켜보고 싶기에 자리를 피할 생각이 없다. 이 상황은 그에게 흥미진진하다.

내 맞은편에 앉아 있던 남자는 갑자기 벌떡 일어나 "아,

제발 좀 그만해!"라 소리를 지르더니 옆 칸으로 걸어갔다. 그는 매우 화가 나서 물리적 반응을 보이며 그들에게서 멀리 떨어지려고 한다.

내 옆자리에 앉은 노부인은 매우 실망한 표정으로 내게 말했다.

"누구에게도 저런 식으로 말해선 안 돼. 특히 연인끼리는 그럴 이유가 전혀 없지. 저 남자는 여자를 존중하지 않아. 아주 몹쓸 사람이야."

그녀는 자신의 인식이 원래 위치를 떠나 현재 목격하고 있는 일에 빠져드는 걸 허락했고, 그 결과 이제 그 커플이 있는 짜증과 분노라는 마음속 영역에서 기능하기 시작했다. 자신의 인식이 빠져든 대상 때문에 그녀는 감정적으로 불편해지고 화가 났다.

그 지하철 칸에 타고 있던 승객들 대부분이 그 커플의 말다툼에 반응을 보이기까진 그리 오랜 시간이 걸리지 않았다. 몇몇은 그 말다툼에 대한 의견을 자기들끼리 중얼거렸다. 사람들 대부분은 어떤 식으로든 이 다툼에 동요된 듯 보였다. 노부인이 그랬듯 그들 또한 그 커플이 지금 머물고 있는 마음속 짜증과 분노의 영역으로 자신의 인식이 향하도록 허락했고, 그 결과 화가 나 있었다. 이처럼 인식을 거의 통제하지 못하면 마음 상태는 자신 주변의 모든 것에 휘둘린다. 감정이 단 몇 초 만에 행복에서 분노로 바뀔 수 있는 것이다.

커플이 다투는 장면을 몇 미터 떨어진 곳에서 관찰은 하되, 자신의 인식이 마음속 짜증과 분노의 영역으로 끌려 들어가지 않게 잘 통제하는 이도 있다. 그는 자신의 인식을 현재 위치에 단단히 붙들고 그곳에서 커플이 다투는 장면을 지켜본다.

인식이 자신 외부에서 일어나는 일에 끌리게끔 허락하는 것은 곧 자신이 그 일에서 감정적 영향을 받아 기뻐하거나 괴로워하게끔 허락하는 것과 같다. 마음속에서 인식을 통제할 줄 아는 것이 매우 중요한 이유가 이것이다. 이 능력은 우리에게 자유를 가져다준다. 어떤 일에 관여하고 싶은가의 여부를 결정할 수 있는 의사결정권이 나에게 주어지기 때문이다. 그리고 이는 그 일에 자신이 어떻게 반응할지를 선택할 수 있다는 의미이기도 하다.

재미있는 일이 있으면 나는 내 인식이 그 일에 관여하는 쪽을 택할 테고, 그 결과 행복한 반응을 보일 것이다. 불쾌한 일이 있으면 나는 내 인식이 그 일에 관여하지 않는 편을 택할 것이고, 그 결과 감정적으로 불편한 반응도 보이지 않을 것이다. 이 모두는 마음속에서 인식을 충분히 통제할 수 있어야만 가능한 일이다.

마음속에서 인식을 거의 통제하지 못하는 이들에겐 세상이 롤러코스터처럼 끝없이 오르락내리락하는 곳이나 마찬가지다. 인식이 세상 모든 일에 휘둘려 끌려다니기 때문이다. 그 결과 그들의 신경계는 쉽게 지치고 악화하며, 에너지도 고갈된다.

그렇기에 우리는 마음속에서 인식을 활용하는 능력을 반드시 키워나가야 한다. 이는 좁고 깊은 삶을 살아가는 여정에서 가장 중요한 요소다.

인식 이동 훈련법

인식과 마음에 관한 이론을 설명하고 그 이론이 작용하는 실제 예들도 공유했으니, 지금부턴 이 이론을 직접 적용하는 훈련을 해보자. 나는 이 이론을 시험하고 실천에 옮김으로써 그것이 현실에서 적용되는 바를 직접 확인하는 과정이 매우 중요하다고 생각한다.

이 이론을 적용하는 훈련을 하려면 우선 의자나 바닥에 앉아야 한다. 의자를 고른다면 표면이 단단한 의자를 선택하라. 바닥을 고른 경우에는 바닥에 바로 앉거나 작고 단단한 방석을 놓고 그 위에 앉아도 좋다. 몸이 불편해서 훈련에 방해가 되지 않도록 편하게 앉아야 한다는 게 포인트다.

그렇게 잘 앉았다면 이제 우리의 초점을 자세로 옮겨보자. 척추를 곧게 펴고 머리가 척추 위에서 반듯하게 균형을 이루도록 앉자. 머리는 한쪽으로 혹은 앞뒤로 기울어지지 않아야 한다. 턱에 힘을 빼고 아랫니가 윗니로부터 자연스럽게 떨어지도록 입의 긴장을 풀자. 입술은 붙이되 이는 떨어뜨리면 된다.

숨을 천천히 들이쉬었다가 천천히 내쉬자. 단, 자신이 편안함을 느끼는 속도에 맞춰야 한다.

숨을 완전히 내쉰 뒤엔 다시 한번 숨을 깊게 들이쉬었다가 천천히 내쉬자. 이를 세 번 더 반복, 총 다섯 번의 깊은 심호흡을 하자. 오프라인에서라면 사람들의 눈을 감게 한 뒤 이 훈련 과정을 한 단계씩 설명하겠지만, 지금은 글로 설명해야 하니 다음의 과정을 따라보자.

아래 단락을 먼저 읽은 다음 눈을 감고 내가 설명한 과정을 1~2분 동안 실행하라.

눈을 감으라. 지금 앉아 있는 방을 느끼라. 먼저 몸으로 느끼라. 자신이 지금 앉아 있는 의자 또는 바닥을 느끼고, 그다음엔 바닥에 닿은 발이나 다리를, 그다음엔 피부를 느끼라. 추운가? 더운가? 아니면 방 안 온도가 딱 적당한가? 인식을 몸 너머로 확장하라. 방 바깥에선 무슨 소리가 들리는가? 또 방 안에선 어떤 냄새가 나는가?

1~2분 동안 눈을 감고 그저 방 안에 있는 모든 것을 느끼라. 그런 뒤 천천히 눈을 뜨고 다음 설명을 읽으라.

아래 두 단락을 먼저 읽은 다음 눈을 감고 내가 설명한 과정을 3분 동안 실행하라.

가장 최근에 참석한 결혼식을 가능한 한 자세히 떠올려보라. 다음은 당신의 회상을 돕기 위해 내가 준비한 몇 가지 질문이다.

누구의 결혼식이었는가? 당신은 그곳에 혼자 갔는가, 아니면 배우자나 가족과 함께 갔는가? 그날 당신이 입었던 옷을 기억하는가? 그 커플이 결혼해서 당신은 기뻤는가? 신부는 어떤 드레스를 입었는가? 그녀가 드레스를 잘 골랐다고 생각했는가? 음식은 어떠했는가? 술도 마셨는가? 결혼식에서 즐거운 시간을 보냈는가?

그 결혼식과 관련된 사항들을 최대한 자세히 떠올려보라. 그다음엔 3분간 눈을 감고 있으라. 훈련 중 어느 시점에든 인식이 멀어져 가는 걸 느끼면 그것을 부드럽고 다정하게 그 결혼식에 대한 회상으로 다시 데리고 오라.

결혼식의 기억을 떠올리는 과정을 마쳤으니 아래 두 단락을 읽은 다음 눈을 감고 내가 설명한 과정을 3분 동안 실행하라.

가장 최근에 다녀온 휴가를 떠올려보라. 최근 해외로 휴가를 다녀온 적이 있다면 그걸 선택하라.

어떤 휴가였는가? 관광? 등산? 요가 수련회? 서핑? 스키? 캠핑? 자동차 여행? 어디로 다녀왔는가? 그곳 날씨는 어떠했는가? 더웠는가? 추웠는가? 습했는가? 비가 왔는가? 건조했는가?

음식은 어땠는가? 매웠는가? 달았는가? 배탈이 났는가? 여러 숙소에 머물렀는가? 그중에서 특히 마음에 든 곳이 있었는가? 쇼핑을 많이 했는가? 가장 잘 산 물건은 무엇인가?

그 휴가와 관련된 사항들을 최대한 자세히 떠올려보라. 그다음 3분간은 눈을 감고 있으라. 훈련 중 어느 시점에든 인식이 멀어져가는 걸 느끼면 그것을 부드럽고 다정하게 그 휴가에 대한 회상으로 다시 데리고 오라.

휴가에 대한 기억을 떠올리는 과정을 마쳤다면 이 훈련의 마지막 단계로 아래 단락을 읽은 다음 눈을 감고 내가 설명한 과정을 1~2분 동안 실행하라.

자세를 느끼라. 척추가 곧게 뻗어 있는가? 머리는 여전히 척추 위에서 반듯하게 균형을 이루고 있는가? 여전히 몸이 편한가? 방 안의 온도를 느끼라. 따뜻한가? 추운가? 적당한가? 의식을 육체 너머로 확장하여 방 안과 주변을 느끼라. 방 안 혹은 바깥에선 어떤 소리가 나는가?

이제 눈을 감고 인식을 방 안에 붙들어둔 채 1~2분간 주변을 최대한 느끼라. 그런 뒤 눈을 뜨고 인식을 다시 이 책으로 가져오며 주변 환경에 적응할 시간을 몇 분간 가지라.

방금 한 훈련을 인식과 마음을 중심으로 되새겨보자. 여러분은 앉아 있던 방을 느끼는 것으로 훈련을 시작했고, 그러면서 주변 환경을 더 예민하게 느끼게 되었다. 이 시점에 인식은 주변 환경에 관여한다.

그런 다음 인식은 결혼식의 기억이 머무는 잠재의식을 향해 여행을 시작한다. 인식이 목적지인 결혼식의 기억에 도착하자 여러분은 그 경험에 더 집중하게 되었다. 그 결혼식의 세부사항들은 여러분이 자신의 인식을 마음속 이 영역에 더 잘 붙들고 있을수록 더욱 많이 기억난다. 감정이 내재된 경험은 서서히 표면으로 떠오르기 시작한다. 미소 짓거나 웃었던 일, 행복의 눈물을 흘렸던 일이 떠오른다. 인식이 이곳에 머무는 동안 당신은 그 결혼식에서 겪었던 모든 경험을 다시 느끼기 시작한다.

내가 잠재의식 속에 있는 그 기억으로 이동하라고 요구하기 전까지, 여러분은 아마 그 결혼식을 생각조차 하지 않았을 것이다. 그리고 인식이 그날의 경험, 즉 잠재의식 속 기억에 빠져 있는 동안에 여러분은 현재 앉아 있는 방, 그곳의 온도나 자신의 자세 등을 전혀 느끼지 않았다. 여러분의 인식이 방 안에 없었기 때문에 그런 것들을 느끼지 못했던 것이다.

인식이 마음속 어디에 있든 우리는 그곳을 느끼게 된다.

결혼식의 기억이 간직되어 있는 잠재의식 영역에 머물던 인식은 그다음으로 휴가의 기억이 간직된 잠재의식의 영역으로 이동한다. 그 새로운 지점에 인식이 도착하자 여러분은 휴가를 떠났을 당시의 기분을 다시 느끼기 시작한다.

인식을 그 경험의 기억 알맹이에 붙들어놓고 있는 동안, 일상을 잠시 멈추고 떠났던 휴가와 관련해 세세한 기억이 떠오른다. 여러분의 인식은 '휴가'라는 경험의 범위 안에서 하나의 특정 기억에서 또 다른 기억으로 튕겨 다니고, 그에 따라 여러 감정이 뒤섞여 표면으로 튀어 오른다. 여러분은 그렇게 그 휴가를 다시 느끼기 시작한다.

인식이 그 지점에 단단히 고정되자 여러분은 자신이 현재 앉아 있는 방, 방금 전 떠올렸던 결혼식을 더는 생각하지 않는다. 휴가의 달콤한 추억이 끝난 다음, 여러분은 눈꺼풀을 들어 올리고 시선을 책으로 돌린다. 나는 인식을 방으로 다시 가져오라 지시하고, 그렇게 하자 여러분은 방과 관련된 모든 것들을 느끼기 시작한다.

여러분은 척추의 꼿꼿함이 약간 풀어졌음을, 또 머리가 한쪽으로 살짝 기울어져 있음을 어느 순간 느끼게 된다. 즉시 자세를 고쳐 앉고 내가 설명에 나열한 다른 것들을 하나씩 느끼기 시작한다. 인식이 마음속 이 영역에 다시 적응하는 동안, 여러분은 결혼식이나 휴가를 더 이상 떠올리지 않는다. 여러분이 현재 몰입해 있는 대상, 즉 주변 환경을 살피는 일에 인식이 단단히 고정되어 있기에 그 두 일의 기억은 마음속에 존재하지 않는다. 그런 뒤 여러분은 마침내 눈을 뜨고 주변 환경에 적응한다.

내 지시를 따라 여러분은 인식을 방에서 마음속 결혼식의 영역으로, 휴가의 영역으로, 다시 방으로 이동시켰다. 그 과정에서 의지력을 이용해 인식을 옮겼고, 집중력을 이용해 인식을 각 영역에 얼마간 붙들어 두었다.

이 훈련을 통해 내가 이전에 공유한 인식과 마음의 기본 원리 몇 가지를 여러분이 직접 경험하고 스스로에게 증명할 수 있었길 바란다. 이제 그 기본 원리를 알기 쉽게 정리해보자.

1. 인식은 움직이고, 마음은 움직이지 않는다.

인식을 마음속 다양한 영역으로 데려갈 수 있다는 사실은, 인식은 마음속에서 움직이지만 마음 자체는 움직이지 않음을 보여준다.

2. 인식과 마음은 분명히 다른 별개의 대상이다.

마음속에서 인식을 움직일 수 있다는 사실은 마음과 인식이 같은 대상이 아님을 보여준다. 그 둘은 함께 움직이지 않는다. 하나는 다른 하나의 내부를 돌아다닌다. 따라서 인식과 마음 사이에는 분명한 구분이 있다.

3. 우리는 마음이 아니다.

우리는 마음이 아니라 마음속 다양한 영역을 넘나드는 순수한 인식이다. 우리는 마음속 어느 영역으로 가든 그 영역을 경험한다. 인식이 마음속 어디에 있든 우리는 그것을 느끼게 된다.

LESSON · 3

인식을 분리하는 연습

인식을 스스로에게 주목시키는 행위는 그것이 인식하고 있는 대상으로부터 그것을 떼어 놓는 행위를 포함한다. 앞서 나는 '우리가 영화를 볼 때, 감독은 우리의 인식을 마음속 한 곳에서 다른 곳으로 데려간다'라 한 바 있다. 정말 흥미로운 영화를 보는 동안 인식이 그 영화에 매우 몰입한 덕분에 주위의 어떤 것도 느끼지 못하는 상태를 경험한 적이 있는가? 그럴 때 우리는 그 영화에 완전히 빠져들어, 감독이 원하는 대로 영화의 모든 장면에 반응하게 된다.

　바로 그 순간에 인식은 자신이 인식하고 있는 대상에 완전히 몰입해 있다. 즉, 인식과 **그것이 인식하고 있는 대상**은 하나가 된다.

　여기서 우리가 알아야 할 중요한 사실은 인식이 두 가지 상태 중 하나에 있다는 것이다. 하나는 관찰 대상을 살펴보고 있는 상태, 다른 하나는 관찰 대상에 몰입해 있는 상태다.

　첫 번째 상태를 설명하기 위해 뉴욕 지하철에서 말다툼을 목격한 경우의 예를 활용해보겠다. 커플은 지하철 안에서 다투고 있었고, 그 결과 내 인식은 그 다툼에 주목하게 되었다. 그 순간 나는 그 다툼을 단순히 관찰할지, 아니면 내 인식이 그 다툼에 몰입하게 허락할지를 선택할 수 있었다. 나는 내 인식이 커플에게로 이동해 그들의 다툼에 감정적으로 관여하게끔 허락하기보다는 스스로에게 붙들어 두는 쪽을 택했다.

　이 경우, 나의 인식은 내가 관찰하고 있는 대상을 살펴보고 있었다. 이는 이상적인 시나리오다. 이때 인식은 자신이 관찰하고 있는 대상이 무엇인지 알고 그 안에 몰입하고 싶은지 아닌지를 선택할 수 있다.

　앞서 말한 영화의 예를 이용해 두 번째 상태를 살펴보자. 영화관에서 영화를 보고 있는 경우, 인식은 영화가 스크린에서 상영되고 있다는 사실을 인지하고 영화에 몰입할지 말지를 결정할 수 있다. 이 경우에는 '인식이 영화에 몰입하기로 결정했다'고 표현하는 편이 타당할 것이다. 우리가 영화관을 찾는 이유는 그것, 다시 말해 감독이 영화로 만들어

낸 특정 유형의 경험을 하기 위해서이니 말이다. 여기서부터 인식은 관찰 대상에 몰입한다.

그렇기에 우리는 '인식은 관찰 대상을 살펴보거나 혹은 그것에 몰입해 있을 수 있다'라는 결론을 내릴 수 있다. 인식의 상태를 선택할 수 있는 이 특권은 언제나 자신에게 있다. 그 선택이 항상 쉽지만은 않겠으나, 오직 자신의 것이란 사실만큼은 잊지 말라.

두 번째 상태에 관한 이야기로 되돌아가자. 이 상태에서 인식은 관찰 대상에 몰입해 있다. 인식을 스스로에게 주목시키는 과정은 곧 그것이 살펴보고 있거나 몰입해 있는 대상에서 분리하는 과정이다. 영화의 예에서, 그 과정은 인식을 영화 밖으로 끄집어냄으로써 인식과 영화가 더는 하나가 아니도록 만드는 일이다. 그러려면 먼저 인식을 스스로에게 주목시키고, 그로써 영화 스크린에서 다시 스스로에게로 끌어당겨야 한다.

인식 분리 훈련법

이러한 인식 분리 훈련을 실제로도 한번 해보자. 돌아오는 주말에 여러분이 TV로 좋아하는 영화를 보는 중에 해볼 수 있겠다. 훈련 방법은 다음과 같다.

영화를 보는 동안 인식을 영화에서 발로 옮기라. 발가락을 꼼지락거리면서 그 모습을 지켜보면 인식이 영화에서 발끝으로 이동한다. 그런 다음엔 약 7초 동안 발가락을 움직이라.

그런 뒤 인식을 발가락에서 다시 TV 화면으로 보내라. 단, 이번에는 인식이 영화에 몰입하게 두지 말라. 현재 앉아 있는 소파에서 영화를 관찰하기만 하면서, 그것이 화면에 비친 빛에 불과하다고 생각하라.

그런 뒤 인식을 다시 발가락으로 가져온 다음 몇 초 동안 발가락을 꼼지락거리라. 그렇게 하면 인식이 다시 발로 돌아올 것이다. 그럼 인식을 다시 영화로 이동시키라. 단, 이번에는 인식이 영화에 몰입하게 내버려두라. 이후 몇 분 동안은 영화를 진정으로 즐길 수 있도록 인식을 영화에 넘기라.

이젠 인식을 스스로에게 주목시키라. 말하자면 인식을 그것이 현재 인식하고 있는 대상, 즉 영화에서 분리시키라. 그렇게 인식을 영화 밖으로 꺼낸 다음 스스로에게로 되돌려 놓으라.

이 과정을 반복해서 연습하라. 그럴수록 여러분은 이 과정에 점점 더 능숙해질 것이다. 이 과정을 거듭하다 보면 인식을 그것이 인식하고 있는 대상에서 분리하는 기술을 체득하기에 이를 것이다. 이러한 인식 분리가 가능해지면 자신이 인식하고자 하는 대상을 편히 관찰할 수 있다. 인식이 무언가에 몰입해 있을 때는 그 대상을 관찰하기가 어렵기 때문이다.

관찰이란 '인식이 스스로 현재 무엇을 인식하고 있는지를 깨닫는 행위'다. 어떻게 경험을 관찰한다는 것인지, 혹은 관찰이 무엇인지 궁금하다면 기억하라. 관찰은 인식을 그것이 인식하고 있는 대상에서 분리하고, 그럼으로써 그 안에 몰입하지 않고도 경험을 확인할 수 있는 능력이다. 따라서 인식과 마음에 대해 먼저 배우지 않으면 관찰에 대해 배울 수 없다.

스스로를 알아차리는 인식

인식을 인식 대상에서 분리하려면 우선 그것이 스스로를 알아차려야 한다.

스스로를 알아차리는 능력은 관찰에서 나온다. 관찰은 집중 상태가 오래 지속될 경우에 생기는 부산물이다. 관찰과 집중에 대해서는 다음 챕터에서 자세히 살펴보자.

인식이 스스로를 알아차리는 것은 충분한 관찰력이 길러질 때에만 가능하다. 그리고 인식이 스스로를 알아차리게 되면 스스로에게 관심을 기울일 수 있다. 그렇게 인식이 스스로에게 주목하면 자신이 원하는 방향으로 나아가는 것도 가능해진다.

집중을 잘 못하는 사람은 관찰력이 발달해 있지 않다. 그 사람의 인식이 원래 집중하고 있던 대상에서 멀어질 경우, 그의 인식이 스스로를 알아차리고(즉, 그 사람이 자신의 상태를 알아차리고) 주의가 흐트러졌다는 사실을 깨닫기까진 시간이 걸릴 것이다.

예를 들어 생각해보자. 어떤 사람이 직장에서 노트북으로 일을 하던 중, 자신이 가장 좋아하는 스포츠 팀이 그날 아침 일찍 경기를 치렀다는 사실을 기억해낸다. 그는 노트북 화면을 스프레드시트에서 인터넷 브라우저로 전환해 경기 결과를 검색한다. 자신이 응원하는 팀이 압도적 승리를 거두었다는 뉴스가 눈에 들어오자, 그는 그 경기의 하이라이트가 간절히 보고 싶어졌다. 그는 유튜브에서 하이라이트 영상을 검색한다. 그리고 그걸 다 본 뒤엔 추천 영상 섬네일을 클릭해서 본다. 30분이 지난 뒤 그는 자신이 영상을 계속 이어서 보고 있다는 사실을 깨닫는다. 그렇게 그의 인식이 스스로를 알아차리자, 다시 말해 그가 이 사실을 깨닫고 나자 그는 자신의 인식을 유튜브에서 떨어뜨려 스프레드시트로 되돌려 놓는다.

그는 집중력이 부족하기 때문에 관찰력이 뛰어나지 않다. 그 결과 그의 인식이 스스로를 알아차리기까지 오랜 시간이 걸렸고, 그 시간 동안 상당한 시간과 에너지가 손실되었다. 그의 생산성이 곤두박질친 만큼 유튜버들의 광고 수익은 증가한다. 사람들이 집중하지 못하는 경향을 이용해 이득을 얻는 이들이 세상에는 많다.

기억하자. 집중하는 법을 배우면서 집중하는 데 능숙해질수록, 인식이 스스로를 알아차리는 데도 더 능숙해진다.

LESSON · 4

주변 환경의 힘에 지지 말고 스스로 관리하라

인식을 통제하는 힘은 두 가지로 **단순화**할 수 있다. 바로 자신과 자신의 환경이다. 나는 환경을 '주변을 둘러싼 사람과 사물'로 정의한다. 우리의 인식이 마음속에서 향하는 방향은 어느 시점에서든 이 두 가지 힘 중 하나의 지시를 받아 정해진다. 이상적인 경우는 인식의 이동 방향을 스스로가 통제하는 것이다. 인식이 마음속에서 향하는 방향을 스스로 지시한다면 이는 마음속에서 인식을 통제하고 있다는 뜻이 된다.

사람들은 대부분 인식이 향하는 방향을 주변 환경이 결정하도록 허락한다. 주변을 둘러싼 사람과 사물은 그들의

164

인식을 마음속의 긍정적 영역으로 데려갈 수도 있고 부정적 영역으로 데려갈 수도 있다. 인식에 대한 통제권을 환경에 넘겨주는 것은 자신의 경험, 결과적으로 자신의 마음 상태를 환경에 맡기는 것이나 다름없다.

그런 사람들은 통제권을 포기할 뿐만 아니라 에너지를 어디에 쏟을지에 대한 결정권까지도 환경에 넘겨준다. 환경이 인식의 이동 방향을 지시하면 그것은 에너지의 이동 방향에 영향을 주고, 결과적으로 어떤 삶의 모습이 실현될지까지도 좌우해버린다.

자신이 원하는 삶을 꾸려나가지 못하는 건 자신의 인식이 매일 향하는 방향들을 거의 통제하지 못하기 때문이다. 그런 이들의 에너지는 환경이 지시하는 곳으로 흐르고, 그 결과 그들의 삶은 그들이 의도하지 않은 모습으로 실현된다. 그들의 인식은 오늘날 세상에 만연한 소셜미디어 같은 것들에 걷잡을 수 없이 이끌린다. 그들의 유한한 에너지는 몇몇 특정 대상에 활용되고 집중되기보다는 방대한 영역으로 흩어진다. 이것이 그들 삶에서 아무런 목표도 실현되지 못하는 원인이다. 불만은 꿈틀거리다 좌절로 끓어 넘치고, 좌절이 계속되면 의지가 꺾이고 결국엔 희망까지 증발해버리고 만다.

마음속에서 인식을 통제하는 능력은 모든 개인이 배우고 길러야 하는 기술이다. 이 기술은 진정으로 원하는 것을 향한 좁고 깊은 삶을 살기 위해 스스로를 효과적으로 다스리는 기초 요소다. 마음에 대해 한 가지만을 아이들에게 가르쳐야 한다면 이 기술을 가르치라. 아이들에게 인식과 마음이 작용하는 방식을 이해시킴으로써 얻는 결과는 명상을 가르칠 경우의 그것보다 더 강력하다. 효과적인 명상은 마음의 내적 작용을 이해하지 않고는 불가능하기 때문이다.

이 사실을 알았으니 여러분 자신에게 물어보자. 나의 인식이 향하는 방향은 무엇이 통제하는가? 나 자신인가? 아니면 내 주변을 둘러싼 사람과 사물인가? 하루 중 내가 아닌 다른 무엇 혹은 누군가가 내 인식을 통제하는 시간의 비중은 몇 퍼센트나 되는가?

스스로가 인식을 책임지기로 결정한다면 지금 당장 확고히 결심하라. 인식의 주인이 되어 그것이 마음속에서 향하는 방향을 통제하겠다고 말이다. 몇 년이 걸리더라도 인식을 자신의 의지가 지배하는 범위 아래에 가져다두기 위해 노력하겠노라고 바로 지금 결심하라.

이를 원한다면 얼마든지 이룰 수 있다. 오늘부터 자신의 의지력과 집중력을 이용해 인식이 향하는 방향을 이끌겠다고 마음먹기만 하면 된다. 그러기 위해 고군분투하는 날도 있을 테고 실패하는 날도 있겠지만, 모든 과정이 그 여정의 본질이다. 진짜 실패는 시도조차 않는 것이다. 그러니 절대 포기하지 말고 희망을 잃지 말라!

스승님은 다음과 같은 멋진 말을 했다.

"매일 마음과 씨름하며 집중하려, 명상하려, 평온해지려, 느긋해지려 수없이 노력하는 이들이여, 계속 노력하라. 모든 긍정적 노력은 헛되지 않는다."

그러니 매일 아침 일어나서, 또 매일 저녁 잠자리에 들기 전 스스로에게 이렇게 말하자.

"내 인식은 내가 통제한다!"

PART 3

좁고

　　　깊은

삶에

도달하기　위한 도구,

집중과

　　　의지

CHAPTER 6

집중에 대한 새로운 이해

여러 가지 일을 가장 빠르게 하는 방법은
한 번에 한 가지씩만 하는 것이다.
– 볼프강 아마데우스 모차르트

집중이라는 도구

인식과 마음의 작용 방식을 이해하는 것이 삶에서 왜 가장 중요한지를 이제는 여러분이 확실히 이해했길 바란다. 마음의 내적 작용을 이해하면 뒤이은 단계의 수행을 위한 초석을 다질 수 있다. 이젠 좁고 깊은 삶을 살기 위해 마음속에서 인식을 활용하고 원하는 방향으로 이끄는 방법을 배울 차례다.

원하는 것을 향하는 좁고 깊은 삶을 살기 위한 도구로 먼저 집중하는 법을 배워보자. 사실 우리 대부분은 '집중하는 법'이란 걸 배운 적이 없다. 하지만 인생의 어느 시점에건 '집중하라'는 말은 들어봤을 것이다.

전 세계를 돌아다니며 강연할 때마다 나는 청중에게 집중에 관한 교육을 받은 경험이 있는지를 물어봤다. 질문은 다음의 두 가지였다.

- 집중하는 방법을 배운 적이 있나요?
- 수학, 과학, 역사 수업 등과 마찬가지로, 집중하는 방법에 대해 학교에서 정규 수업을 받은 적이 있나요?

수천 명에게 이 두 질문을 던졌지만 "네"라고 답한 이는 아무도 없었다. 그런데 그다음으로 "누군가 당신에게 집중하라고 지시한 적이 있나요?"라 물으면 모두가 "네!"라고 외쳤다. "매번 그래요!"란 말을 덧붙이는 이들도 종종 있었고 말이다.

지시만 받았을 뿐 배우진 못했다

나는 많은 이들이 무엇엔가 집중하지 못하는 데는 두 가지 주된 이유가 있다고 생각한다. 첫째, 집중하는 방법을 배운 적이 없어서다. 그런 걸 배운 적이 없는데 어떻게 집중할 수 있겠는가? 둘째, 집중하는 연습을 하지 않는다. 연습이 없는데 어떻게 무언가에 능숙해질 거라 기대할 수 있겠는가? 더욱이 집중하는 방법을 배운 적이 없다면 집중하는 연습은 할 수도 없다. 우리는 사람들에게 집중하라고 말하면서 그 방법은 가르쳐주지 않는다.

흔히 리더나 CEO 들은 "자, 프로젝트 마감일이 열흘 남았으니 모두들 정말로 집중하셔야 합니다!"라고, 작전타임에 선수들을 불러 모은 코치들은 "얘들아, 경기 시간 3분 남았는데 5점 뒤처지고 있어. 다시 나가선 다들 집중하자!"라고 말한다. 아이들이라 해서 이런 말들을 접하지 않는 건 아니다. "잠깐만 집중해줄래?"라고 애원하듯 말하는 부모는 주변에서 흔히 볼 수 있다.

어렸을 때 나는 항상 무엇엔가 집중하라는 말을 들었다. 어른들은 툭하면 이렇게 말했다. "단다파니, 숙제에 집중해!" "단다파니, 밥 먹는 데 집중해!" 하지만 집중이라는 것을 할 수 있는 방법을 내게 알려준 이는 아무도 없었다. 이상하지 않은가? 아이에게 집중하라고 말하는 어른들 중 누구도 그 방법을 일러주진 않는다는 게 말이다.

학교에서도 나와 반 친구들은 집중하라는 말을 시도 때도 없이 들었다. 주의를 기울이라고, 한눈팔지 말라고. 하지만 우리는 쉽게 산만해졌고, 그 결과로 귀 잡아 비틀기, 꿀밤 맞기 등의 벌을 받는가 하면 회초리로 몇 대 맞기도 했다.

피아노를 잘 치고 싶다면 우선은 피아노 치는 법부터 배워야 한다. 누군가 그것을 가르쳐준다면 이상적일 터다. 1년 동안 매주 레슨을 받으면 최소한 기본적인 피아노 연주는 할 수 있을 것이다. 하지만 피아노를 잘 치게 되려면 레슨을 받는 것만으론 불가능하니 배운 것을 연습하는 시간도 있어야 한다. 그러니 '그렇다면 얼마나 연습해야 할까?'라는 질문이 자연스럽게 떠오르고, 그에 대한 답은 또 다른 질문으로 이어진다. '나는 얼마나 훌륭한 피아노 연주자가 되고 싶은 걸까?'

가족과 친구들 앞에서 연주할 만한 실력을 갖추는 건 매주 한 시간씩의 연습만으로 충분히 가능하다. 하지만 최고의 피아노 연주자가 되어 세계적으로 권위 있는 콘서트 무대에 서고 싶다면 아마 매일 여덟 시간 이상은 연습을 해야 할 것이다.

집중도 다르지 않다. 집중하는 삶을 살고 싶다면 우선은 집중하는 법을 배운 다음 그것을 연습하는 시간이 있어야 한다. 그 시간은 어느 정도여야 할까? 이 질문 전에 먼저 생각해야 할 것은 '나는 집중을 얼마나 잘하는 사람이 되고 싶은 걸까?'다. 그리고 집중에 정말로 능숙해지고 싶다면 세계 최고의 피아니스트가 되기 위해 연습하듯 집중을 연습해야 한다.

집중하는 방법, 그것은 나이에 상관없이 누구든 배울 수 있는 기술이다. 이 기술을 배우는 데 너무 늦은 나이란 없다. 그저 좁고 깊은 삶을 살고 싶다는 열망, 그리고 그것을 실현하기 위한 노력만이 필요할 뿐이다.

집중을 재정의하기

우선 집중이 무엇인지부터 정의해보자. 집중을 정의함으로써 우리는 이 단어를 공통적으로 이해하고 사용할 수 있으니 말이다. 내가 정의하는 집중은 '인식을 다른 곳으로 옮기겠다고 의도적으로 선택하기 전까지 어느 한곳에 붙들어두는 능력'이다.

내가 인식(내 마음속 빛 덩어리)을 다음 집중의 대상으로 옮기기 전까지 한 가지 일, 한 사람, 혹은 마음속 한 영역에 일정 시간 동안 붙들어 둘 수 있다면, 나는 집중을 하는 중이다. 그리고 내 인식(내 마음속 빛 덩어리)을 통제할 수 없는 방식으로 한 곳에서 다른 곳으로 이동하게끔 허락하는 그 순간, 나의 집중은 흐트러진다.

내가 인식을 다른 곳으로 이동시키지 않고 한곳에 오래 붙들고 있는 시간은 곧 내 집중력의 힘이 그 정도임을 의미한다. 만약 내가 앨리스와 30분간 대화를 나누면서 그 시간 내내 그녀에게만 내 인식을 주목시킬 수 있다면, 그것은 내가 그만큼 집중할 수 있다는 뜻이다. 이를 통해 나는 내가 내 인식을 그 시간 동안 붙들어 둘 만큼 괜찮은 수준의 집중력을 지니고 있다는 사실을 알 수 있다.

또한 집중에선 이처럼 인식을 마음속 한 영역에 유지시키는 시간뿐 아니라, 그것을 한 영역에서 다른 영역으로 이동시키는 능력도 중요하다. 가령 내가 인식을 일정 시간 동안 A 항목에 붙들어 둔다면, 나는 집중하는 중이다. 이어 B 항목으로 인식을 의도적으로 옮긴 뒤 그곳에 유지시킨다면, 나는 여전히 집중하는 중이다. 인식을 B 항목에 5초간 유지시킨 다음 C 항목으로 의도적으로 옮겨 얼마 동안 그곳에 유지시킬 때에도, 나는 여전히 집중하는 중이다.

여기서 중요한 것은 단순한 집중 지속 시간이 아니라, 인식을 한곳에서 다른 곳으로 이동시키는 의도적 선택이다. 인식을 A에서 B로 그리고 C로 의도적으로 옮길 수 있다는 것은 집중 상태에 있음을 나타낸다. 각 항목에 소비하는 시간의 길이는 얼마나 오랫동안 집중할 수 있는가를 보여주는 한 가지 척도일 뿐이다. 이를 좀 더 명확히 이해하기 위해 다음의 이야기를 함께 살펴보자.

몇 년 전 간호사 몇 명과 이야기를 나눈 적이 있다. 그중 한 명이 내게 '짧은 시간 내에 처리해야 하는 일이 너무 많아 직장에서 집중하는 것이 불가능하다'고 말했다.

"5분 동안에 20가지 일을 하는데, 어떨 때는 그보다 많기도 해요. 그래서 그냥 정신없이 처리하는 느낌이에요."

나는 그녀에게 "하루 업무를 시작하는 처음 1분 동안 당신이 하는 일들을 제게 알려주세요"라 요청했다. 그러자 그녀는 다음과 같이 자신의 일을 자세히 설명해주었다.

"음, 저는 중환자 병동에서 일하고 있어요. 병실에 있을 때는 환자의 팔을 알코올 솜으로 닦아 주사 놓을 준비를 해요. 그건 몇 초면 되죠. 그리고 나서 정확한 양의 약물을 주사기에 넣은 다음 환자에게 조심스럽게 주사해요. 그다음엔 주사 부위를 닦고 주사기를 제대로 폐기했는지 확인하고, 환자의 맥박 및 여타 활력 징후를 확인하고 기록해요."

"잠깐 멈춰봅시다." 내가 말했다. "방금 설명한 각 업무는 완전히 집중해서 수행해야 하는 일로 들리네요. 제 생각이 맞나요?"

"네, 맞아요."

"집중하기가 어렵다고 당신이 생각하는 이유는 집중의 정의를 제대로 모르기 때문이에요. 제가 느끼기에 당신은 한 가지 일에 오랫동안 몰두하는 것만을 집중이라 여기는 듯하네요. 틀린 말은 아니지만, 집중을 지속하는 시간만이 집중의 유일한 기준은 아니랍니다."

나는 계속해서 말했다.

"당신은 각 업무를 수행하면서 완전히 집중하고 있어요. 특정 업무를 마치면 다음 업무로 인식을 의도적으로 옮기고, 새 업무에 착수하면 그것에 또다시 완전히 집중하죠. 인식을 한곳에서 다른 곳으로 의도적으로 옮기고 필요한 만큼 그곳에 붙들어 둘 수 있다는 사실로 볼 때, 당신은 집중을 매우 잘하는 사람이에요. 인식을 각 업무에 단 몇 초만 유지할 뿐이란 사실은 중요하지 않아요. 그보다 중요한 것은 당신이 그 업무를 수행할 때 온전히 그것에 집중하고, 그런 뒤엔 다음 업무로 넘어가겠다고 의도적으로 결정한다는 사실이죠."

그녀는 나를 보며 말했다.

"그 말씀을 들으니 마음이 한결 가벼워지네요. 집중에 대해 그런 식으로 생각해본 적이 없었거든요. 지금까진 항상 제가 집중하지 못한다고만 여겼는데, 선생님 덕분에 집중이 무엇인지 더 잘 알게 됐어요."

이 간호사는 1분 동안 여러 업무를 수행하지만 각각의 업무에 완전히 집중하고, 한 업무를 끝내고 나면 그다음 업무로 인식을 의도적으로 이동시켰다. 이 사실은 좋은 집중력을 판단하는 정의와 일치한다. 그녀는 자신이 여러 업무를 동시에 처리하고 있다고 생각했지만 사실은 그렇지 않았다. 그녀는 분명 매번 한 가지 업무에 집중하고 있었다.

어느 뛰어난 수도승이 이 세상 어딘가에서 10분 동안 고요히 앉아 있다고 생각해보자. 그 시간 동안 그는 자신의 인식을 호흡에 완전히 몰입시킨다. 겉으로는 다르게 보일지 몰라도 간호사와 수도승 모두는 각자의 일에 집중하고 있다. 자신의 인식을 현재 수행 중인 일에 그것이 필요로 하는 시간 동안 고정시키고 있기 때문이다. 그리고 두 사람 모두 각자의 일을 완수한 뒤엔 그다음 수행해야 하는 일로 인식을 의도적으로 이동시킬 것이다.

집중은 자신의 인식을 통제할 줄 아는 것이다.

이 정의는 다음과 같이 설명할 수 있다. 집중은 자신의 인식을 통제할 줄 알고, 따라서 인식을 다른 곳으로 의도적으로 옮기기 전까지 한곳에 유지시킬 수 있는 능력이다.

주의산만, 정신적 전염병

집중의 반대 개념인 주의산만은 소리 없는 정신적 전염병이다. 이 병은 전 세계를 휩쓸며 젊은이와 노인 할 것 없이 많은 이들의 삶에 보이지 않게 스며들고 있다. 일단 인간의 마음속에 들어가면 이 병은 급속도로 전이되기 시작한다. 소위 주의산만의 수레바퀴가 굴러가며 스스로 몸집을 키우는 것이다.

그로부터 머지않아 주의산만은 마음을 지배하는 본성이, 그리고 한 사람의 삶을 통치하는 힘이 된다. 이 병이 마음을 지배하면 모든 면에서 암적인 결과가 초래된다. 이 병의 본질은 파괴적이기에 인간관계, 비전, 노력 등 깊은 삶을 만드는 모든 요소의 구조 자체를 해체한다. 그러나 슬프게도, 이런 상황에 처한 사람은 자신이 산만해졌다는 사실을 깨닫지 못한다. 마음이 이미 너무나 산만해 어수선해진 탓이다.

산만해진 마음은 두려움, 걱정, 불안, 스트레스, 목적 상실, 주저, 정신적 또는 육체적 탈진 등을 낳는다. 이 비참한 결과는 끝없는 혼란을 일으켜 마음을 약하게 하고 영혼의 의지를 무력하게 만든다.

사람들은 산만해진 마음의 결과가 얼마나 파괴적인지 알지 못한다. 그 결과에 대해 제대로 알고 있었다면 분명 자신을 보호하기 위해 치료법을 찾았을 것이다. 이 파괴적인 질병의 해독제이자 백신이 바로 '집중'이다.

주의산만을 제대로 이해하기 위해선 그 정의부터 알아야 한다. 이 단어에 대해 내가 내리는 정의는 '외부 또는 내부의 근원이 내 허락 없이 내 인식을 통제하는 상태'다. 이를 좀 더 찬찬히 살펴보자.

앞서 이야기했던, 영화관에서 영화를 보는 예는 주의산만에 해당되지 않는다. 우리 인식에 대한 통제권을 감독에게 넘겨주겠다고, 즉 그가 우리 인식을 마음속 한 영역에서 다른 영역으로 옮기는 걸 허락하겠다고 의도적으로 택했기 때문이다. 다음의 예를 보면 주의산만의 의미를 분명히 파악하게 될 것이다.

조반니는 스마트폰으로 베이비시터에게 급히 문자메시

지를 보낸다. 오늘 늦게까지 일해야 하는데, 혹시 밤늦게까지 아이를 봐줄 수 있는지 묻는 메시지다. 그걸 쓰던 중 조반니는 동료인 에밀라의 전화를 받는다. 그녀에겐 조반니와 함께 진행 중인 프로젝트와 관련해 논의할 것이 있었다.

에밀라는 조반니와 문제를 논의한 뒤 그에게 자신이 자주 찾는 웹사이트에 가서 기사 하나를 확인하라고 말한다. 통화를 끝낸 즉시 조반니는 웹사이트에 접속한다. 해당 기사를 읽고 에밀라와 똑같이 영감을 받은 그는 자신의 페이스북에 그것을 공유하기로 한다. 조반니는 링크를 복사한 다음 페이스북에 들어가 그걸 피드에 업로드한다.

그는 페이스북에 접속한 김에 자신의 타임라인을 재빨리 훑어보기로 한다. 어떤 글엔 '좋아요'를 누르고, 어떤 글엔 댓글을 달고, 다른 사람의 게시물을 공유하기도 한다. 조반니가 타임라인을 스크롤하는 중 화면 하단에 알림이 뜬다. 그의 게시물에 '좋아요'가 생겼다는 알림이다. 타인으로부터의 관심을 좋아하는 조반니는 '오, 누가 내 게시물에 '좋아요'를 눌렀군!'이라 생각한다. 그는 알림을 클릭하고, 꽤 많은 이가 자신이 올린 기사에 '좋아요'를 누르고 댓글을 달았다는 걸 발견한다. 그는 그들의 댓글에 마찬가지로 '좋아요'를 누르고, 몇몇 댓글에는 답글을 남긴다. 그가 페이스북에 접속한 지 10분이 지났다.

조반니는 생각한다. '이 글이 인기가 정말 많네. 이걸 트윗해야겠어.' 그는 페이스북에서 트위터 앱으로 화면을 전환하고, 자신의 트위터 피드에 해당 링크를 게시한다. 그런 다음엔 자신의 트위터 타임라인을 스크롤하며 '좋아요'를 누르고, 리트윗하고, 댓글을 남긴다. 얼마 지나지 않아 그의 트위터 계정 하단에 파란색 동그라미가 표시된다. 조반니는 사람들이 자신의 트윗에 반응하고 있다는 사실에 흥분한다! 알림 버튼을 클릭해 최근 활동을 확인한 그는 이제 자신의 게시물에 달린 댓글에 답한다.

얼마 뒤 조반니는 시간이 꽤 지났음을 알아차리고 소셜 미디어에서 벗어나 다시 일로 돌아가야겠다고 생각한다. 트위터에서 이메일 앱으로 이동해 메일들에 회신하기 시작한다. 5분간 이메일 업무를 처리한 뒤, 그는 자신이 30분 전에 보낸 문자메시지에 베이비시터가 여태껏 답장하지 않았음을 깨닫는다.

그의 인식은 마음속 짜증의 영역으로 이동, 그녀로부터 답장이 없는 이유를 궁금해한다. 베이비시터에게 빠른 답신을 요청해야겠다고 생각한 조반니는 이메일 앱을 닫고서 문자메시지 앱으로 이동한다. 그리고 그 앱을 열자마자 아직 전송하지 않은, 30분 전 자신이 쓰다 만 메시지를 발견한다. 조반니는 자신이 아무 이유 없이 혼자 화를 낸 것임을 깨닫고 얼굴이 붉어진다. 재빨리 문자를 끝맺고 전송한 그는 이메일 앱으로 되돌아와 나머지 메일들을 처리한다. 조반니는 남은 오후 시간도 비슷한 방식으로 보낸다. 자신의 인식이 무엇에 관여하는지를 주변 환경이 좌우하도록 허락하면서 말이다.

여러분 중에는 이런 상황에 공감하는 이들이 많을 것이다. 조반니는 스마트폰, 앱, 알림이 자신의 인식을 한 곳에서 다른 곳으로 이동시키도록 허락했다. 외부의 힘이 그의 의도적인 허락 없이 그의 인식이 향하는 방향을 지시한다는 사실은 조반니가 주의산만 상태에 있음을 말해준다.

스마트폰은 조반니의 인식이 향하는 방향뿐 아니라 그의 에너지가 흐르는 방향 또한 지배하고 있다. 주의가 산만할 경우, 인식은 사방으로 흩어지고 그에 따라 에너지도 사방으로 흐른다. 그 결과 충분한 에너지를 얻지 못해 어떤 것도 실현되지 않는다.

주의산만 통제하기

집중의 경우와 마찬가지로, 주의산만 역시 많이 행할수록 능숙해진다. 주의산만에 익숙해진 사람들은 이 현대적 생활방식에 빠르게 적응한 이들이기도 하다. 실천의 법칙을 떠올려보라. '우리는 무엇을 실천하든 그것에 능숙해진다.' 이 법칙은 의도적으로든 그렇지 않든 무언가를 실천할 때 적용된다.

앞서 나는 훌륭한 피아노 연주자가 되고 싶다면 매일 여덟 시간 이상씩, 그리고 매주 5~6일은 연습해야 할 것이라고 말했다. 6개월이 지난 시점에는 분명 처음 시작했을 때보다 피아노 실력이 늘어 있을 것이다. 그럼 카네기홀에서 연주회를 갖는 것도 가능한 수준일까? 반년간 아무리 엄청나게 연습했다 해도 그런 수준에 이를 가능성은 낮다. 1년이 지나면 어떨까? 반년 전보다 피아노를 훨씬 더 잘 치게 될 것이다. 비록 최고 수준에 다다랐다 하긴 어렵지만 피아노 연주에는 매우 능숙해져 있을 거라 예상할 수 있다.

자신이 매일 여섯 시간에서 여덟 시간씩, 일주일 중 5~6일을 주의산만인 상태로 보내는 상황을 상상해보라. 그렇게 6개월이 지나면 얼마나 더 쉽게 주의산만에 빠질까? 처음에 그렇게 되기 시작했을 때보다는 확실히 쉬워질 것이다. 1년 동안 같은 시간을 투자한다면 아마 대단히 능숙해질 테고 말이다.

그러나 사람들이 실제로 매일 여섯 시간에서 여덟 시간 동안만 주의산만 상태에 있는 건 아니다. 하루는 24시간이고, 대개의 사람들은 매일 많아야 여덟 시간씩 잠을 잔다. 그렇다면 깨어 있는 열여섯 시간 중 주의가 산만한 시간은 현실적으로 얼마나 될까? 아마 열 시간에서 열네 시간 정도일 것이다. 게다가 매주 5~6일 동안만 주의산만 상태에 있을 리도 없다. 월요일부터 토요일까지를 주의산만하게 보냈다고 가정할 때, 일요일 하루를 온전히 집중하며 보낼 가능성은 희박하다.

따라서 하루 열 시간에서 열네 시간씩 매주 7일, 꼬박 6개월 동안을 주의산만 상태로 보낸다면 틀림없이 주의산만에 매우 능숙해질 것이다. 1년 혹은 18개월 동안 이 패턴을 지속한다면 초보자 수준을 넘어 고수의 경지에 이를 것이 분명하다.

자신이 쉽게 산만해지는 이유가 그것을 꾸준히 실천했기 때문이라는 사실을 알아차리는 이는 거의 없다. 집중하는 법을 배우지 못했다는 것은 분명한 사실이지만, 그와 별개로 사람들은 현실에서 하루 종일 주의산만을 끊임없이 실천하며 그것에 완전히 능숙해진다.

주의산만의 대가

시간과 에너지는 우리 모두에게 부여된 삶의 위대한 선물이다. 그러나 이 선물들의 소중함을 깨닫고 매우 감사히 여기는 사람들은 우리 중 극히 소수일 뿐이다. 우리가 태어날 때 받은 시간은 유한하고, 그것은 점점 사라진다. 시간을 어떻게 사용할지는 전적으로 우리 자신에게 달려 있다. 마찬가지로 하루를 시작할 때 부여받는 아주 많은 에너지를 어떻게 소비할지도 우리의 선택에 달린 일이다.

주의산만은 시간과 에너지를 훔치는 도둑으로, 우리에게서 삶의 소중한 순간과 연결고리를 쉽게 앗아간다. 주의산만은 모두에게서 시간과 에너지를 빼앗지만, 모두가 똑같이 상실감을 느끼는 것은 아니다. 이것저것에 관심을 갖고 넓게 사는 사람들은 자신에게 주어진 시간과 에너지를 모두 허비한다. 그에 반해 목적에 집중하는 좁고 깊은 삶을 사는 사람들은 유한한 시간과 에너지를 빠듯하게 사용하고, 그 때문에 주의산만에 따르는 상실감을 더 크게 느낀다.

매 순간 인식, 즉 에너지는 집중해야 할 대상에서 떨어져 나가고, 그 순간은 영원히 사라진다. 내가 집중하면 가족을 비롯해 사랑하는 사람들과 함께 나누는 한순간 한순간에 몰두할 수 있는데, 주의산만은 그런 순간들을 내게서 빼앗는다. 각각의 고유한 시간과 공간이 빚어내는 그 순간들을 나는 두 번 다시 되찾거나 떠올리지 못할 것이다.

끊임없이 산만해지는 탓에 사람들은 인생에서 귀중한 시간을 너무 많이 낭비한다. 또한 지금 이 순간에 집중하지 못하는 탓에 사랑하는 이들과의 소중한 순간도 너무 많이 헛되이 사라진다. 주의산만이 개인 수준에 미치는 영향은 막대하지만, 이를 알아보는 건 오직 집중이 가능한 사람들뿐이다.

많은 사람들이 다양한 삶의 경험에 몰두하기 위해 고군분투하는 이유는 무엇 하나에 집중할 수가 없기 때문이다. 그러나 각각의 경험에 몰두하지 못한다면 다양한 경험을 해도 성취감을 느낄 수 없다. 부모와 아이는 양쪽 모두 서로에게 의미 있는 상호 작용을 할 수 있을 만큼 오랫동안 집중하지 못하는 탓에 더 큰 단절을 경험한다. 친구들과의 모임에선 어떤가? 각자가 음식 사진을 찍고 소셜미디어에 올리느라, 또 그 자리에 없는 사람과 메신저로 이야기하느라 바쁘다. 마주앉은 이들과의 대화는 정처 없이 빙빙 겉돌고, 한 가지 주제를 이어가며 자연스러운 결론에 다다르기란 거의 불가능한 과제처럼 보인다. 주의산만은 이렇듯 우리 사회의 모든 부분에서 너무나 만연해진 탓에 이젠 오히려 일반적인 현상이 되어버리고 말았다.

집중을 삶에 녹여내는 법

집중의 정의를 간단히 다시 살펴보자. 내가 정의한 집중은 '인식을 다른 곳으로 옮기겠다고 의도적으로 선택하기 전까지 어느 한곳에 붙들어 두는 능력'이다. 집중에 능숙해지려면 집중의 정의를 일상에서 행해야 한다. 나는 내 인식을 다른 곳으로 의도적으로 옮기기 전까지 한 번에 한 가지 일에 붙들어 두기를 매일 실천한다.

사람들은 종종 내게 묻는다.

"아침마다 5분이나 10분 정도 명상을 하면 집중하는 데 도움이 될까요?"

나는 이렇게 대답했다.

"우선, 명상은 집중하는 데 도움이 되지 않습니다. **명상하**려면 **집중**을 할 수 있어야 하는데, 그건 완전히 다른 문제예요. 그리고 하루에 집중을 연습하는 시간이 5분에서 10분 정도만이라면 그것에 능숙해지는 데는 아주 오랜 시간이 걸릴 겁니다."

피아노 연주의 예를 기억하는가? 만약 하루에 5~10분 정도씩 연습한다면 어느 정도의 시간이 지나야 피아노를 잘 치게 될까? 아마 정말 오랜 시간이 필요할 것이다. 같은 원리가 집중에도 적용된다.

나는 이어서 이렇게 물었다.

"매일 10분씩 집중을 연습하신다면, 나머지 23시간 50분 동안에는 무엇을 하실 건가요? 그 시간 중 여덟 시간에서 열 시간을 주의산만 상태로 보낸다면 아침 10분 동안의 집중은 큰 도움이 못 될 겁니다."

어떤 이들은 안정되고 집중된 기분을 느낄 수 있도록 아침에 아주 짧은 시간 동안 일종의 훈련을 수행한다. 하지만 그들의 나머지 하루는 그 효과를 상쇄시켜버리는 습관으로 가득 차 있다.

삶에 접근하는 방식은 올림픽에 출전한 달리기 선수의 그것과 같은 것이어야 한다. 우사인 볼트를 예로 들어보자. 나는 그 선수에 대해 아는 것이 거의 없다. 그러나 그가 자메이카 출신이고, 올림픽에서 3회 연속으로 금메달을 땄으며, 100미터 달리기에서 9.58초라는 세계 기록을 보유하고 있다는 건 안다.

내가 우사인 볼트에 대해 몇 가지 추측을 해볼 테니 틀렸다면 정정해달라. 그는 선수 생활의 절정기 동안 트랙에서 꾸준히 운동했을 것이다. 매일 건강한 식사를 하고 엄격한 식단을 따르며 물을 많이 마셨을 테고, 규칙적인 스트레칭과 충분한 휴식 및 수면 시간을 유지했을 것이다. 그의 하루는 지구상에서 가장 빠른 사람이 되는 데 도움을 주는 루틴과 습관으로 꽉 차 있었을 것이 분명하다.

다시 말해 우사인 볼트가 매일같이 유지한 루틴과 습관은 그가 9.58초의 100미터 주파 시간을 기록하는 데 도움을 주었다 할 수 있다. 지구상에서 가장 빠른 사람이 되기 위해 그가 매일 투자한 시간은 9.58초가 아니었다는 뜻이다. 그러니 하루에 10분간 집중을 연습하면서 그것에 능숙해지기를 바라선 안 된다.

집중에 능숙해지고 싶다면 그런 사람이 되는 데 도움을 주는 루틴과 습관으로 하루를 가득 채워야 한다. 집중의 실천, 즉 인식을 의도적으로 다른 곳으로 옮기기 전까지 한 번에 한 가지에 유지하는 일을 하루 전체에 녹여내야 한다는 뜻이다. 여기서의 하루 전체란 하루 24시간의 모든 순간을 의미한다.

집중을 하루의 일부로 만들기

그렇다면 질문은 자연스럽게 '어떻게 하루 24시간 집중을 실천할 수 있을까?'로 이어진다. 하루 24시간 집중을 실천하는 가장 좋은 방법은 '평소 어김없이 반복되는 일'이 무엇인지 확인하고 그것에 집중하는 것이다.

나는 '평소'라는 단어를 '거의 고정된 루틴을 따르는 날'로 정의한다. 평소란 내 인생의 평범한 날이고 주로 가족, 일, 나 자신과 관련된 사건이 되풀이되는 일상을 뜻한다. 색다른 일정을 계획하는 휴가는 평소라 일컬어지지 않는다.

'어김없이 반복되는 일'이란 내게 매일 일어나는 일이자 하루도 빠뜨려서는 안 된다고 여겨지는 일이다. 화장실 가기, 먹고 마시기, 씻기, 양치하기 등이 그 예다. 양치하기와 씻기는 엄밀히 말해 빠뜨리면 안 되는 일은 아니나, 그렇게 여겨지는 일이므로 이에 포함된다.

어떤 이들은 아침 달리기 또는 명상 역시 자신에겐 빠뜨리면 안 되는 일이라 한다. 하지만 그것들은 그런 일에 해당되지 않는다. 달리기나 명상을 하지 않고도 며칠 동안 지낼 수 있기 때문이다. 그렇지만 먹고 마시거나 화장실에 가는 일을 하지 않고선 살 수 없다. 그러니 빠뜨려선 안 되는 일에는 정말로 매일 해야 하는 일들만 넣는 것이 좋다.

'평소 어김없이 반복되는 일'이 의미하는 바를 명확히 정의했으니, 이젠 그 일들을 통해 집중을 실천할 수 있는 몇몇 방법을 살펴보자.

나는 평소를 돌아보며 스스로 묻는다. '평소 어김없이 반복되는 일로는 무엇이 있는가?' 나는 매일 아내와 이야기를 나누고, 그 일은 어김없이 반복된다. 우리가 대화를 나누는 시간은 하루에 두세 시간 정도인데, 편의를 위해 평균 두 시간 반이라고 하자. 아내와 이야기하는 시간은 하루 종일 다양한 활동에 걸쳐 분산되어 있다. 일부는 식사 시간에, 일부는 다양한 활동 중에 이루어지는 식이다. 나는 아내와의 대화를 평소 어김없이 반복되는 일로 여기기 때문에, 이 일을 일상에서 집중을 실천할 완벽한 기회로 삼을 수 있다.

아내와 대화할 때마다 나는 내 인식을 아내에게 붙들어 둠으로써 그 시간 동안 집중을 실천한다. 나는 그녀에게 온전한 관심을 기울인다. 내 인식이 다른 곳으로 떠밀려 가면 나는 그것을 부드럽고 다정하게 아내에게로 되돌린다. 나는 집중력을 발휘해 인식을 아내에게 붙들어 두며, 그와 동시에 집중력을 기른다. 내 인식이 또다시 떠밀려 가기 시작하면 나는 의지력을 발휘해 인식을 아내에게로 되돌린다. 나는 이 과정을 엄격히 실행한다. 그런 과정을 통해 내 인식은 결국 아내에게만 집중하는 법을 배운다. 그것이 가능하게끔 인식을 훈련시켰기 때문이다. 내가 평소 아내와 대화를 나누는 두 시간 반 정도는 곧 내가 매일 집중을 실천하는 시간이 되고, 이를 6개월간 지속하면 나는 집중에 더 능숙해진다.

앞서 나는 전문적인 피아노 연주자가 되려면 하루에 여덟 시간 이상은 연습해야 할 거라 추측했다. 따라서 집중력 역시 전문가 수준으로 기르려면 하루에 다섯 시간 반을 추가로 더 할애해야 한다. 즉, 전문가 수준의 연습 시간을 가지려면 평소 어김없이 반복되는 다른 일을 찾아 그 일에서도 집중을 실천해야 한다.

매일 나는 업무 관련 회의와 전화 통화에 평균 90분 정도를 쓴다. 이 일들은 어김없이 반복되니 내겐 집중을 실천할 완벽한 기회가 된다. 그래서 회의 혹은 통화 중일 때 나의 인식을 상대에게 고정시킨다. 그 사람과 대화하는 동안엔 이메일을 확인하거나 소셜미디어 피드를 훑어보지 않고, 오직 상대에게 온전한 관심을 기울인다는 뜻이다. 이렇게 하면 하루에 집중을 실천하는 시간은 90분이 더 늘어나 총 네 시간에 이른다!

이제 그 시간을 좀 더 늘려보자. 양치하는 시간은 3분에 불과하지만 그 시간 동안엔 그 일에만 집중해보는 식으로 말이다. 하루에 두 번씩 양치하면 총 6분 동안 집중을 더 실천할 수 있다. 씻는 시간은 자신의 몸에, 식사 시간은 음식을 씹으며 음미하는 데 집중할 수 있는 또 다른 훌륭한 기회다.

이처럼 매일 어김없이 반복되는 일들을 통해 하루 중 여섯 시간 내지 여덟 시간 동안 집중을 실천하게 되기까진 그리 많은 노력이 들지 않는다. 이 속도라면 6개월 뒤에는 집중력 높은 사람이 되는 길을 매우 안정적으로 걸어갈 수 있을 것이다.

데바 스승님은 하루 동안의 모든 경험을 목표 달성에 활용할 수 있다는 깊은 통찰을 일깨워줬다. 그분은 하나의 경험을 다른 경험보다 더 중요한 것으로 분류하지 않고, 모든 경험 하나하나를 내가 삶의 일부로 선택한 것이라 여기도록 가르쳤다. 각 경험에 대해 내가 행동하고 반응하는 바는 내 마음이 형성되고 내 삶이 펼쳐지는 방식에 상당한 영향을 미친다.

그분은 내게 '모든 경험은 서로를 돕는다'고 가르쳤다. 사소한 일이더라도 한 가지 일을 잘하면 다른 일을 잘하기 위해 필요한 자질을 쌓는 데 도움이 된다. 나의 모든 경험들은 서로 밀접히 연관되어 내 하루를 구성한다. 경험을 바라보는 내 관점과 그 경험을 실행하는 내 방식은 나를 형성하는 데 막대한 역할을 한다. 스승님에게서 얻은 이 현명한 가르침은 내 삶을 변화시켰고, 그에 따라 나의 모든 행동은 좁고 깊은 삶을 살기 위한 디딤돌이 되었다.

이 과정이 고단할 거라 여기는 이들도 있겠으나 사실은 그렇지 않다. 일상에서 집중을 실천하는 일은 패턴 쌓기와 같다. 다시 말해 좁고 깊은 삶을 살겠다는 목표를 위한 습관을 만드는 것과 같아서, 매일 자신이 원하고 필요로 하는 일들을 당연한 마음으로 실천하면 된다.

일상의 모든 일을 어떻게 수행할지는 자신의 선택에 달려 있다는 사실을 안다는 것, 이것이 매우 중요하다. 일상에 접근하는 방식을 그렇게 바꾸면 삶도 달라진다.

일어나는 순간부터 잠드는 순간까지 마주하는 일 하나하나에 온전한 관심을 기울이며 전념하라. 또한 잠들 때에도 그 태도를 유지하라. 잠을 잘 때 우리는 다른 세상에서 깨어 있고, 집중력은 우리가 자는 동안 무엇을 얻을지 결정하기 때문이다. 게다가 잠은 우리 삶에서 거의 3분의 1을 차지하는 활동이다.

데바 스승님이 공유한 이 통찰은 여러 겹으로 이루어져 있다. 그렇기에 그 안에 깊이 숨어 있는 지혜를 이해하려면 그 의미를 깊이 생각하며 한 겹 한 겹 풀어나가야 한다. 그리고 마침내 그 통찰의 지혜에 이르면 순간을 영원히 살고, 모든 경험에 몰두하며, 매일매일 매 순간 인식을 통제하게 된다.

그 밖의 기회

'평소 어김없이 반복되는 일'은 집이라는 공간 너머에서도 찾을 수 있다. 평일 시간의 대부분을 사무실에서 보낸다면 그곳에서 기회들을 찾아보라.

예를 들어 매일 직장에서 팀원들과 회의하는 시간이 15분이라고 가정해보자. 이 일은 평소 근무일에 어김없이 반복되고 일주일에 닷새 동안 반복되는 일이기에 집중 실천에 더할 나위 없이 좋은 기회다. 그 회의에 온전한 관심을 기울이라. 회의에서 누군가 말할 때마다 그 사람에게 인식을 붙들어 두라. 인식이 다른 곳으로 움직이려 하면 의지력을 이용해 그 사람에게로 되돌리고, 집중력을 이용해 그곳에 계속 붙들어 두라.

사무실을 오가는 여정 또한 어김없이 반복된다. 직접 차를 몰고 출근하는 이들에겐 그 시간이 출근길에 온전한 관심을 기울일 수 있는 기회가 된다. 미국 질병통제예방센터 Centers for Disease Control의 발표에 따르면 2018년 미국에서 운전자 주의산만으로 인한 교통사고로 사망한 이는 2800명 이상이고, 다친 이는 약 40만 명에 이른다. 같은 해 전미안전위원회National Safety Council(미국 내 건강과 안전을 증진하는 비영리 공공 서비스 조직—옮긴이)는 운전 중 휴대전화 사용으로 매년 160만 건의 교통사고가 일어난다고 보고했다. 운전에 있어 집중이 갖는 중요성을 충분히 일깨워주는 통계들이다.

어디론가 운전해서 도착하긴 했는데 그곳까지 어떻게 갔는지는 전혀 기억나지 않았던 경험이 있는가? 시속 100킬로미터 이상으로 돌진하는 금속 상자를 타고 이동하고 있음에도 그 일에 집중하지 않고 있는 상태를 상상하면 조금 무섭지 않은가?

언젠가 나는 독일에서 워크숍을 진행한 뒤 한 참석자에게 이메일을 받았다.

"저는 운전할 때 항상 전화 통화를 했습니다. 하지만 지금은 운전석에 앉으면 휴대전화를 콘솔박스에 넣어 두고 운전에만 집중해요. 특히 아들이 차에 함께 타고 있다는 사실을 인지한 뒤부턴 운전에 집중하는 일이 제게 훨씬 더 중요해졌고요. 백미러로 아들이 카시트에 잘 고정되어 있는지 확인한 뒤엔 이렇게 생각한답니다. '저 아이의 목숨이 내 두 손에 달려 있어. 운전 중 주의산만으로 저 아이가 다치기라도 하면 그건 모두 내 책임이야. 내 아들에겐 아무런 선택권이 없어.' 운전 중 집중에 대한 중요성을 납득하는 데 더 이상의 다른 이유는 필요하지 않더군요."

사고를 피할 가능성은 운전에 집중할수록 높아진다. 그러니 평소 직접 운전해 출퇴근한다면 운전 시간을 집중을 실천할 기회로 삼으라.

좋은 기회가 또 있다. 대부분의 업무를 컴퓨터로 한다면 그 시간을 활용해 집중을 실천하라. 여러분이 만약 장바구니 페이지에 적용할 복잡한 구매 옵션을 코딩 중인 프로그래머라면 이렇게 생각하라. '지금부터 한 시간 동안 나는 이 코드를 짤 거야. 그리고 그동안엔 내 인식이 다른 곳을 떠돌도록 내버려두지 않을 거야.' 그리고 나서 휴대전화 알림을 끄라. 인식이 멀어진 탓에 자신도 모르게 휴대전화를 손에 쥐어버렸다면 인식을 코딩으로 되돌려 놓으라. 이처럼 업무시간을 활용하면 누구나 집중력을 기를 수 있다.

우리 모두에게는 매일 집중을 실천할 수많은 기회가 주어진다. 우리의 목표는 매일 어김없이 반복되는 기회 중 가능한 한 많은 시간을 집중의 실천에 활용하는 것이다. 매일 실천하는 시간이 많아질수록 집중에 능숙해지는 정도도 강해질 것이다. 이미 우리가 매일 하고 있는 일에 이러한 방식으로 접근하면, 삶에 어떠한 일도 추가하지 않고 집중을 실천할 기회를 늘릴 수 있다.

집중의 리추얼

우리 모두에겐 저마다 매일같이 수행하는 리추얼ritual이 있다. 그러나 자신의 리추얼을 제대로 아는 이는 많지 않다. 지혜로운 자들에게 있어 리추얼은 오랜 세월 동안 생명선의 역할을 했다. 특정 목적의 달성을 위해 그들은 리추얼을 신중하게 구성하고 자신의 삶에 통합해왔다.

나는 수도원에서 10년간 수행하면서 리추얼이란 개념을 완전히 내 것으로 만들었다. 이때 얻은 깨달음이 있으니, 바로 '리추얼이 가진 변화의 힘은 측정 불가능하다'는 것이었다.

이번 레슨에선 여러분에게 집중의 리추얼을 만드는 방법

을 알려주려 한다.

우선 평소 어김없이 반복되며 집중 실천의 기회로 활용할 수 있는 다섯 가지 일을 적어보자. 앞서 내가 예로 들었던 것들을 그대로 사용해도 좋고, 자신만의 것을 생각해내도 좋다. 중요한 조건은 평소 어김없이 반복되는 일이어야 한다는 것이다.

그다음엔 그 다섯 가지 일을 자신이 적용하고자 하는 순서대로 나열하자. 그중 첫 번째 것을 골라 한 달 동안 자신의 삶에 적용하고, 그동안 나머지 네 가지는 보류해 두자.

만약 첫 번째로 선택한 일이 '배우자와 대화를 나눌 때마다 그 사람에게 온전한 관심을 기울이기'라면, 하루 중 배우자와 이야기하는 시간이 생길 때마다 그렇게 실행해보자. 인식을 배우자에게 고정시키고, 그것이 멀어져 가면 의지력을 이용해 되돌리고, 집중력을 사용해 그것을 다시 배우자에게 붙들어 두는 과정을 엄격히 실행하자. 하루 중 오직이 시간 동안에만 그 일에 의도적인 노력을 기울여 집중하길 바란다.

여러분이 이틀에 한 번씩 헬스장에 가서 10킬로그램 중량으로 벤치프레스 운동을 시작하는 상황을 상상해보자. 3주가 지나면 중량을 12킬로그램으로 늘려야 할까, 아니면 40킬로그램으로 늘려야 할까? 나는 운동 전문가가 아니지만 12킬로그램이 더 나은 선택일 거라 추측할 수 있다. 근육은 점진적으로 키워야 하니 말이다.

마음도 다르지 않다. 마음 역시 점진적으로 키워라. 집중을 하루 종일 실천하려 든다면 아마 실패하기 쉬울 것이다. 실패가 반복되면 낙담하게 되고, 종국엔 아예 포기하기에 이를 수도 있다.

배우자와 이야기할 때마다 상대에게 온전한 관심을 기울이는 일을 계속 해나가자. 한 달 혹은 그 이상의 시간이 흐른 시점이 되면 그 일에 충분히 능숙해져 배우자에게 온전한 관심을 정말 잘 기울일 수 있게 될 것이다. 일상의 루틴에 또 다른 일을 추가하는 것은 그 시점에야 가능하다. 벤치프레스를 할 때는 중량을 올린 뒤 일정 시간 동안 들어 올려 그것에 몸을 적응시키듯, 그 시점이 되면 목록에 적힌 두 번째 일을 자신의 일상에 추가해 마음을 적응시킬 수 있다.

두 번째 일이 만약 '아이와 대화를 나눌 때마다 아이에게 온전한 관심을 기울이기'라면, 이제 여러분에겐 하루 중 집중을 실천할 기회가 두 종류로 늘어난 셈이다. 배우자와 이야기하는 것과 아이와 이야기하는 것, 이 두 가지 일은 내 일상의 집중 실천 루틴을 형성하며, 하루 중 의도적인 노력을 기울여 집중하는 유일한 시간이 된다. 앞서 적었던 나머지 세 가지 일은 계속 보류해야 한다. 배우자와 아이 모두에게 온전한 관심을 정말 잘 기울이는 것이 가능해지기 전까지는 이 두 가지 일에만 매진하자.

그것이 가능해지기까진 몇 달이 걸릴 수 있다. 만약 그 기간이 5개월이라면, 바로 그 시점이 벤치프레스 운동에 증량을 해야 할 때다. 즉, 세 번째 일을 매일의 리추얼에 추가해야 할 때라는 뜻이다.

하루 동안 다섯 가지 일 모두를 실천할 때까지 이 방식을 이어나가자. 그때에 이르면 하루 중 다른 일들을 실천하는 동안에도 의도적으로 그것에 집중할 수 있을 것이다.

매일 더 많은 일을 추가할수록 집중을 실천하는 데 투자하는 시간도 늘어나고, 그러다 보면 머지않아 하루에 대여섯 시간 이상씩 집중하는 것이 가능해진다. 그리고 여러분은 깨달을 것이다. 일단 습관이 잠재의식에 자리 잡은 후엔 그리 엄청난 노력을 기울이지 않고서도 얼마든지 집중할 수 있다는 사실을 말이다.

무엇에든 능숙해지는 가장 좋은 접근법은 그것을 점진적으로 실천하는 것이란 사실을 여러분이 배웠으면 한다. 하루 또는 한 달 동안 변화하는 건 누구나 쉽게 할 수 있다. 그러나 변화를 몇 달, 몇 년 동안 지속하는 건 끝없는 노력, 점진적인 접근법과 함께할 때에만 가능하다.

무언가에 도달하는 과정을 이제 막 시작해 0의 수준에 있는 이들은 대개 100까지 즉각 도달하고 싶어 한다. 그 사이에 통과해야 할 숫자가 99개나 있다는 사실을 잊어버리고서 말이다. 하지만 그 과정엔 지름길도, 속임수도 존재할 수 없다. 매일 지키는 운동 루틴에 달리기가 포함되어 있지 않다면 내일 마라톤 완주에 성공할 거라 기대하지 말라. 도달하고자 하는 목표가 있다면 차근차근히 그 과정을 준비해 나가야 한다.

마흔 살이 되기까지 집중하는 법과 집중을 실천하는 법을 배운 적이 없는 사람이라면, 집중에 관한 책을 한 번 읽은 뒤 곧바로 집중을 잘하는 사람이 되리라 기대해선 안 된다. 그 목표를 위해선 40년 동안 프로그래밍된 마음을 재구성해야 하고, 그 과정에는 시간과 노력이 들기 마련이다. 아름다운 건물을 건축하는 일이 그렇듯, 아름다운 마음을 구성하는 일에도 시간이 걸린다. 의미 있는 변화를 일으키는 데는 몇 주, 몇 달, 어쩌면 몇 년이 걸릴지도 모른다. 하지만 데바 스승님의 말처럼 "보상은 그것을 얻기 위해 쏟은 노력보다 훨씬 크다."

스스로에게 인내심을 가지고 온정을 베풀라. 누구든 그 과정에선 몇 번이고 발을 헛디디고, 넘어지고, 멍이 들 것이다. 그때마다 스스로를 다정하게 일으켜 앞으로 나아가라. '작은 걸음의 힘'을 되새기라. 한 가지 기회에 집중할 때 작은 걸음을 내디딜 수 있다. 작은 걸음은 실천할 수 있고, 달성할 수 있으며, 부담도 없다. 작은 걸음의 확실한 힘을 과소평가하지 말라.

진전 상황 추적하기

앞서 나는 '온전한 관심을 정말 잘 기울인다'라는 표현을 썼는데, 이번에는 그 '정말 잘'이라는 말을 정의해보자.

내가 어떤 일을 정말 잘하고 있는지, 그리고 그 일이 진전되고 있는지는 어떻게 알 수 있을까? 가장 확실하고 정직한 방법은 내 진전 상황을 추적하는 것이다. 이는 이미 수십 년간 많은 이들이 삶에 적용해온 개념이지만 나는 스승님에게서 처음 배웠다. 수도원에서 수행할 당시 스승님은 내 **사다나**sadhana(영적 수행)가 얼마나 잘 진행되고 있는지 추적하게 했다. 그 일은 간단하면서도 매우 효과적인 자기 평가 과정이었다.

당시 내 거처는 반얀나무 아래 개울 옆에 자리한 콘크리트 구조물이었다. 그 초라한 거처로 매일 밤 돌아온 나는 그날 수행한 리추얼을 몇 분간 되돌아보며 평가했다. 내겐 리추얼 개수만큼의 열과 날짜별로 구성된 31개의 행으로 이루어진 표를 그려둔 종이가 있었다. 나는 작은 오일 램프를 켜고 그 종이를 꺼내, 그날 내가 각각의 리추얼을 얼마나 잘 수행했는지 점수를 매겼다. 평가가 끝나면 종이를 접어 바닥 위 얇은 매트리스 발치에 있는 두 권의 경전 사이에 집어넣었다. 이 과정은 매일 밤 반복되었다.

월말이 되면 그 종이를 스승님 방 안의 책상에 가져다 놓았다. 하루는 종이를 두러 스승님 방에 들렀는데 그분이 책상에 앉아 계시기에 직접 건네 드렸다. 나는 스승님이 그것을 살펴볼 거라 생각했으나, 그분은 종이를 받더니 곧바로 서랍 속 서류철 안에 넣었다.

스승님에게서 배운 많은 것들은 비언어적이었다. 스승님은 종종 놀라운 집중력을 발휘해 내게 분명하고 직관적인 메시지를 전하곤 했다. 직관적인 메시지는 그 특징대로 항상 간결하며 명확하다. 그 뜻을 자세히 설명하는 데는 많은 단어가 필요할 수 있으나, 메시지는 순식간에 이해된다는 의미다. 그날 스승님이 내게 전한 메시지는 이런 뜻을 갖는 것이었다. "이 평가는 네가 네 자신을 위해 하는 것이지, 나를 위해 하는 게 아니다."

그 순간 그 종이에 내가 무엇을 적었는지는 그분에게 별로 중요치 않다는 사실을 깨달았다. 이 훈련을 하는 이유는 내가 리추얼 실천 과정에서 진전을 보이고 있는지를 스스로 추적하기 위함이었다. 스스로 평가하는 훈련이니 나는 나 자신에게 거짓말을 하고 최고점을 줄 수도 있었다. 하지만 나를 돌아보는 과정을 그렇게 반복했다면 내게 아무런 도움도 되지 않았을 것이다. 내가 발전하고 있는지를 확인하려면 각 리추얼에 대한 내 성과를 가능한 한 정직하게 평가해야 했다.

당시 공대를 갓 졸업한 나는 목표 지향적이고 구조적인 방식으로 사물에 접근하도록 마음이 훈련되어 있었고, 접근 단계의 윤곽을 잡은 다음 그 과정을 분명히 규정하는 데 익숙해진 상태였다. 그래서 영적 성장을 향한 스승님의 접근법을 전적으로 받아들일 수 있었다. 내가 그분을 영적 스승으로 모시고 싶었던 여러 이유 중 하나가 바로 이것이었다. 스승님은 실용적이고 체계적이었다. 그분은 개인적인 경험을 이용해 가르치면서도 또렷하게 정의된 목표를 향한 단계적이고 실용적인 길을 안내해주었다.

스승님이 수도승들에게 알려주었던 가르침 중 하나는 '스스로에게 기대라'였다. 스승님은 종종 이렇게 말했다.

"내게 기대지 말거라. 그렇지 않으면 내가 이곳에 없을 때 넘어져버릴 테니."

우리는 자신을 지도하고 인도하는 멘토에게 지나치게 의존하곤 한다. 그러나 이는 멘토를 촉매제가 아닌 목발과 같은 존재로 만드는 방식이다. 그런가 하면 많은 지도자들은 멘토의 권한을 남용, 자신에게로 학생들이 끊임없이 되돌아오게끔 만든다. 그렇게 하는 이들에게 있어 멘토링은 훌륭한 사업 모델인 셈이다. 수익이 계속해서 훌륭하게 순환하는데 그 누가 마다하겠는가?

하지만 나는 내 스승님이 택한 접근 방식을 선호한다. 사람들이 목표와 그 목표에 다다르는 경로를 정하도록 돕고, 목표 지점의 도달에 도움이 되는 도구와 훈련을 제공하는 방식 말이다. 스승님의 접근법은 사람들을 진정으로 위한 것이었고, 나는 스승님이 내 영적 성장을 진심으로 바란다는 걸 느낄 수 있었다.

목표를 향해 나아가는 과정에서 자신이 진전을 이루고 있다는 사실은 표지판을 통해 알 수 있다. 스승님은 내가 진전의 표지판을 알아보도록 도와주었고, 나는 표지판을 통해 스스로 노력한 결과로 진전을 이루고 있다는 확신을 얻을 수 있었다. 샌프란시스코에서 샌디에이고까지 운전하는 중에 '샌디에이고까지 400킬로미터'라고 쓰인 표지판을 발견하면 내가 현재 올바른 방향으로 가고 있음을 알 수 있다. 두 시간 뒤에 '샌디에이고까지 200킬로미터'라는 표지판이 보일 때에도 마찬가지다.

집중 리추얼을 수행하는 데 있어서도 내가 진전하고 있는지의 여부를 알려주는 궁극적인 표지판이 있다. 내 행동의 변화가 내 삶에 미치는 영향이 그것이다.

집중 리추얼을 매일 성실히 실천하다 보면, 여러분은 배우자와 이야기하는 도중에 자신의 인식이 상대로부터 멀어지는 횟수가 점차 줄어들고 있음을 느끼게 될 것이다. 그 리추얼을 처음 실천할 땐 10분의 대화 시간 중에 인식이 멀어지는 횟수가 다섯 번 정도일 수 있다. 그때마다 그것을 되돌려 놓기 위해 부단히 노력한다면 한 달 뒤엔 단 한 번도 그런 일이 없을 것이다. 그러한 변화가 곧 여러분의 올바른 진전을 분명히 알려주는 표지판이다.

이러한 노력은 크나큰 결과로 이어진다. 여러분이 집중의 리추얼을 행할 때, 배우자는 자신이 가치 있으며 관심과 사랑을 받고 있음을 느끼게 된다. 여러분은 팀원이나 고객과의 대화에도 완전히 집중할 수 있다. 모든 상호작용에 온전히 몰두할 수 있고, 그들의 이야기에 귀 기울일 수 있게 되는 것이다. 또한 여러분은 모든 대상을 객관적으로 바라보는 것이 가능해진다. 집중은 관찰로 이어지기기 때문이다. 그 결과 여러분은 상대가 말하지 않은 미묘한 의도를 파악할 수 있고, 표현하지 않은 요구를 채워줄 수 있다. 이것들이 바로 집중의 리추얼로 얻게 되는 이점이다.

CHAPTER 7

가장 강력한 도구, 의지

의지는 인식이 마음속 모든 영역을 넘나들게 하는 연료이자
내면의 모든 목표를 현실로 만드는 영혼,
즉 영적 자질이다.
– 데바 스승님

의지력은 마음의 근육

앞서 나는 멀어지는 인식을 다시 되돌려 놓으려면 의지력을 이용하라고 이야기했다. 더불어 인식이 향하는 방향을 통제해 줍고 깊게 사는 데는 집중력과 의지력이 필요하다는 말도 했다. 그런데 의지력을 이용하려면 그것이 무엇인지부터 이해해야 한다. 이번 챕터에서는 줍고 깊은 삶을 살게 하는 가장 강력한 힘, 의지력에 대해 본격적으로 알아보자.

스승님은 언젠가 내게 이렇게 말했다.

"네가 인생에서 개발할 수 있는 가장 강력한 힘은 의지력이란다. 의지력만 있으면 원하는 것은 무엇이든 이룰 수 있어."

그전까지 나는 내가 의지력에 대해 어느 정도 이해하고

있다고 여겼으나, 깊은 이해는 스승님을 만나고 나서야 비로소 이뤄졌다고 해야 한다. 그것이 갖는 의미뿐 아니라 실제로 개발할 수 있다는 위대한 통찰까지 얻을 수 있었기 때문이다.

내게 있어 의지력은 참으로 놀라운 개념이었다. 스승님이 내게 그 말을 해주기 전까지, 나는 의지력을 키우겠다는 생각조차 해본 적이 없었다. 집중의 경우가 그랬듯 내게 의지란 무엇인지, 의지력은 어떻게 키우고 활용할 수 있는지 가르쳐주는 이는 아무도 없었다. 대개의 사람들이 자신에게 주어진 위대한 자산 중 하나를 알지도 못한 채 살아가는 이유가 이것이다. 그것이 그들 삶의 방향을 완전히 변화시킬 수 있는 자산임에도 말이다.

우리 모두는 각자 다양한 수준의 의지력을 지니고 태어난다. 어떤 이들은 의지력이 엄청난 덕분에, 겉으로 보기엔 거의 힘들이지 않고 삶을 쉽게 헤쳐 나가는 듯 보인다. 그런가 하면 어떤 이들은 잠재된 영혼의 힘을 발견하거나 키우지 못한 탓에 예측할 수 없는 삶의 변덕에 시달리다 잠자코 항복해버리기도 한다.

각자가 가진 의지력의 정도는 어른들보다 아이들에게서 더 쉽게 관찰할 수 있다. 여러 자녀를 둔 부모라면 각 아이의 의지력 수준이 천차만별임을 관찰할 수 있을 것이다. 한 아이가 가진 의지력의 수준은 그 아이가 삶의 경험에 나타내는 반응에서 완연히 드러난다.

장난감을 사고 싶어 하는 한 아이의 경우를 상상해보자. 아이는 엄마에게 묻는다.

"엄마, 이 장난감을 사고 싶은데 50달러만 주실 수 있어 요?"

아이의 엄마는 대답한다.

"물론이지. 네가 일해서 벌면 된단다. 네가 그 돈을 벌 수 있게 엄마가 앞으로 몇 달 동안 일거리들을 좀 줄 수 있어."

"음, 그냥 제 생일날까지 기다렸다가 그때 받을게요."

낙담한 아이는 자신의 생일까지 아직 8개월이나 남았음을 알면서도 이렇게 말한다.

그 아이의 동생 또한 같은 가격의 장난감을 갖고 싶어 했고, 엄마에게서 동일한 대답을 들었다. 하지만 형과는 다른 반응을 보인다.

"그럼 전 우리 집 나무에서 딴 레몬으로 레몬에이드를 만들어 주말마다 팔게요. 엄마가 시키는 심부름도 하고요. 그럼 한 달이나 두 달 뒤까진 장난감 살 돈을 벌 수 있을 거예요. 확실히요!"

두 아이를 관찰해보면 동생의 의지력이 더 강하다는 사실을 알 수 있다. 자신의 목표를 달성하겠다는 강한 욕구로 모든 내적 에너지를 모으는 것, 그것이 바로 의지력이다.

의지력이란 무엇인가

의지에 대한 데바 스승님의 정의는 '주어진 시간 동안 모든 에너지를 하나의 지점을 향해 보내는 것'이다.

아이들에게 의지력이 무엇인지 설명할 때 나는 종종 그것을 '마음의 근육'이라고 묘사한다. 이 묘사는 의지가 어떻게 기능하는지를 간단하고 이해하기 쉽게 만들어준다.

내 마음의 양 갈래에 위치한 근육을 그려볼 수 있는가? 그것이 바로 의지력이다. 집중하고자 하는 대상에서 인식이 멀어질 때마다 나는 그것을 되돌려 놓는 데 의지력, 즉 마음에 있는 이 두 갈래 근육을 이용한다. 의지력을 마음의 근육이라 여기면, 그것이 어떻게 마음속 인식을 원하는 방향으로 이끄는 데 사용되는지도 이해할 수 있다.

나는 이두박근을 키울 때와 같은 방식으로 마음의 근육을 키울 것이다. 이두박근을 더 크고 강하게 키우려면 이두박근을 이용해 역기를 드는 연습이 필요하다. 의지력을 키우고 싶을 때에도 마찬가지로 의지력을 이용해야 한다.

그러나 사람들은 의지력을 더 키울 수 있다는 사실을 깨닫지 못한다. 때문에 타고난 수준의 의지력만으로 살아가다 삶의 여러 굴곡을 거치는 과정에서 의도치 않게 그것을 아주 조금 키우게 된다. 그 결과, 인생에서 더 많은 것을 이룰 수 있음에도 실제로 이루는 것은 매우 적다. 반면 평생 의지력을 키우도록 훈련받고 노력한 이들은 결국 많은 것을 성취하기에 이른다.

근육과 마찬가지로 의지력은 사용하면 할수록 더 발달하고, 더 많이 개발할수록 더 많이 쓸 수 있다. 스승님은 내게 이렇게 말했다.

"의지를 이용해서 의지를 강하게 만들거라."

스승님에게 얻은 또 다른 통찰이 있다. 더 크게 키운 의지력은 항상 자신에게 남아 있고, 절대 사라지지 않는다는 게 그것이다. 어떤 일에 사용했다 해도 그것을 다시 보충할 필요가 없고, 자신이 원할 때면 언제나 쓸 수 있다.

의지력을 키우는 세 가지 방법

의지력에 대한 이해, 의지력을 개발하는 방법, 의지력을 의도적으로 적용해 목표를 실현하는 노하우는 우리 모두가 배워야 한다. 이는 아직 우리가 제대로 배우지 못한 능력들이다.

데바 스승님은 의지력을 개발하는 간단하면서도 매우 효과적인 세 가지 방법을 가르쳐주었다. 그 방법은 다음과 같다.

1. 시작한 일을 끝마치라.
2. 기대를 뛰어넘는 수준으로 그 일을 잘 끝마치라.
3. 할 수 있다고 생각하는 것보다 조금 더 그 일을 하라.

이 세 가지 방법에는 모두 노력이 필요하고, 지속적인 노력을 기울이기 위해선 의지력을 써야 한다. 기억하라. 의지력의 강화는 그것을 이용함으로써 가능해진다. 지금부터는 이 세 가지 방법을 하나씩 살펴보며, 그것들이 각각 의지력 향상에 어떤 도움을 주는지 확인해보자.

방법 ① 시작한 일을 끝마치라

프로젝트가 끝날 때, 시작할 때보다 더 큰 기쁨을 느끼려면 의지력을 의도적으로 관리해야 한다. 새로운 아이디어에서 탄생한 에너지는 마음에 신선한 공기를 불어넣는다. 그 상쾌함은 노력을 부추기고, 흥분이라고도 알려진 통제되지 않는 에너지가 소모되기 전까지 계속된다.

승리의 결말로 향하는 길은 종을 엎어 놓은 모양의 곡선을 그린다. 희열은 프로젝트의 시작과 함께 증가하고, 그 이후 결승선으로 향하는 고된 여정을 거치면서 점차 감소하기 때문이다. 영감, 흥분, 에너지가 점점 소모되는 중에도 그러한 난국을 헤치고 아이디어를 상상에서 현실로 옮기려면 의지력에 기댈 수밖에 없다.

사람들과 대화할 때를 예로 들어보자. 하나의 대화 주제는 대개 다른 주제가 시작되기 전에 자연스럽게 결론에 도달하지 않는다. 대화는 하늘을 떠다니는 풍선처럼 방향을 잃고 목적 없이 표류한다. 각 주제를 끝마치지 않는 건 그리

큰일이 아닌 듯 여겨지겠지만, 사실 이는 사람들의 잠재의식 속에 일정한 패턴을 만든다. 대화처럼 사소하고 하찮아 보이는 일들은 굳이 끝마치지 않아도 삶에 나쁜 영향을 주지 않는다는 생각이 잠재의식 속에서 자라나는 것이다.

그렇게 일을 끝마치지 못하는 습관은 삶의 모든 영역에 스며들기 시작한다. 처음에는 설거지, 빨래, 집 청소 등 그저 우리가 존재하기 위해 완수해야 하는 일상적 일들을 시간 낭비라며 업신여긴다. 이러한 사고방식은 결국 삶의 다른 측면으로도 파고들어 보다 중대한 결과를 초래한다. 일을 시작할 때의 희열만 즐길 뿐, 그것을 끝마치겠다는 생각은 회피하는 것이다. 그 탓에 일을 벌이기만 할 뿐, 그것을 끝내지도 않은 채 또 다른 일로 건너뛰는 편이 오히려 편하게 느껴진다.

인식을 활용해 일을 끝내는 데는 의지력이 필요하다. 그리고 시도한 일을 모두 끝내는 경험은 잠재의식에 엄청나게 강력한 영향을 미친다. 아이디어의 구체화는 곧 그 아이디어의 완성과도 같다. 이런 경험이 반복되면 '나는 목표를 정하면 모두 실현할 수 있다'는 자기 신념이 자리 잡고, 이에 뒤따르는 자신감은 일을 완수하면 할수록 강해진다.

그러니 시작한 일을 끝마치라. 아무리 사소하고, 평범하며, 하찮다고 생각하는 일이라도 말이다.

방법 ② 기대를 뛰어넘는 수준으로 그 일을 잘 끝마치라

시작한 일을 일단 끝마쳤다면 목표를 향한 첫 단계를 완수한 셈이다. 하지만 여기서 멈출 필요는 없다. 그 일을 기대 이상의 수준으로 잘 끝마치기 위해 노력할 수도 있기 때문이다. 이것이 의지력을 키우기 위한 두 번째 단계 혹은 방법이다. 그렇게 하려면 노력이 있어야 하고, 그러한 노력을 발휘하게 하는 힘이 바로 의지력이다. 이와 관련된, 수도원에서 내가 했던 경험을 소개한다.

그 수도원의 수도승들은 자신이 배정받은 구역을 매일 30분씩 청소해야 했다. 나는 한동안 명상실을 배정받았고, 그래서 매일 할당된 시간 동안 명상실 안을 깨끗이 청소했다.

그러다 하루는 청소를 좀 일찍 마쳤다. 명상실이 충분히 깨끗해진 것 같아서였다. 명상실을 나서다 데바 스승님과 마주쳤다. 그분이 내게 물었다.

"네 일을 다 끝냈느냐?"

"네."

"더 잘할 수 있었느냐?"

"이미 잘한 것 같습니다. 모든 것이 깨끗해 보였습니다."

"함께 방 안을 살펴보자꾸나."

안뜰을 성큼성큼 가로지른 스승님은 문을 드르륵 열고 명상실 안으로 들어갔다. 나는 스승님의 뒤를 따랐다.

나는 그 수도원의 명상실에 들어설 때면 언제나 다른 차

원으로 발을 들여놓는 듯한 느낌을 받았다. 명상실은 매일 아침 일찍 20명이 조금 넘는 수도승들이 스승님과 함께 명상을 하기 위해 모이는 곳이다. 그 신성한 공간의 구석구석에는 세속적 욕구를 포기한 이들이 참나깨달음을 추구하며 수십 년간 쌓아 올린 엄청난 내면의 경험이 흠뻑 녹아 있었다.

그 명상실은 경사진 천장과 어두운 나무로 마감된 벽으로 이루어진 단순한 방이었다. 세월의 흔적이 느껴졌지만 눈에 띄진 않았다. 넓은 카펫은 타일 바닥의 대부분을 덮고 있었고, 커다란 미닫이 유리문은 남동쪽 벽을 따라 늘어서 있었으며, 화산암으로 덮인 벽난로와 굴뚝이 방 뒤쪽을 차지하고 있었다. 앞쪽에는 데바 스승님을 위해 바닥에서 약간 위로 올라온 자리가 마련되어 있었고, 양쪽 벽에는 수십 년 전 스승님이 수도승들에게 명상법과 참나깨달음의 경험을 알려주기 위해 사용한 신비의 언어 슘Shum으로 쓴 긴 두루마리들이 걸려 있었다. 나는 그 방에서 스승님과 함께 명상하며 많은 시간을 보냈고, 수많은 심오한 경험과 깊은 통찰을 얻었다.

그날 그 방 한가운데에 함께 서 있을 때 스승님은 내게 다음과 같이 말했다.

"사람들은 대부분 최소한의 것만, 즉 자신이 볼 수 있는 만큼만 한단다. 네가 주위를 정말 꼼꼼하게 살펴본다면 청소할 부분을 더 많이 찾을 수 있을 게다. 저 옷장 뒤 공간은 오랫동안 아무도 청소하지 않은 게 분명하구나. 선풍기도 닦아야 하고 저 구석에 있는 거미줄도 치워야 하지. 어떤 일을 하든 항상 자신에게 이렇게 물어보렴. '이것보다 더 잘할 수 있을까? 무엇을 더 할 수 있을까?'"

스승님의 이 말은 내 마음에 지울 수 없는 인상을 남겼고, 내가 일하는 방식을 영원히 바꿔 놓았다. 그날 나는 조금의 노력을 더 들여 의지력을 발휘하면 내 기대를 뛰어넘는 수준으로 일을 잘 끝마칠 수 있다는 교훈을 얻었다. 그리고 이후 그렇게 함으로써 나는 내 의지력을 키워 전보다 훨씬 나은 방식으로 일을 완수할 수 있게 되었다.

방법 ③ 할 수 있다고 생각하는 것보다 조금 더 그 일을 하라

할 수 있다고 여겨졌던 정도보다 훌륭하게, 기대를 뛰어넘는 수준으로 일을 잘 끝마치고 나면 거기서 멈출 수 있다. 하지만 의지력을 소환하면 그보다 조금 더 하는 것도 충분히 가능하다.

할 수 있다고 생각하는 것보다 조금 더 하려면 노력이 필요하다. 다시 한번 말하지만 그 노력은 곧 의지를 행사하는 일이다.

내가 아는 사업가 가운데 북부 캘리포니아에서 고급 주택을 짓는 건축업자가 있었다. 집 공사를 끝마치고 주인에게 열쇠를 건네는 날, 그 회사 사람들은 각 방마다 예쁜 꽃

다발을 놓아 두곤 했다. 그 덕에 집 주인들은 새 집에 발을 들여놓는 순간 특별한 감동을 느낄 수 있었다. 그 건축업자가 그렇게 한 것은 자신이 할 수 있다고 생각한 것에 보태어 조금 더 하고 싶었기 때문이다. 그리고 그 결과, 그의 회사는 좋은 평판을 얻었고 사업도 빠르게 성장시킬 수 있었다.

'기대를 뛰어넘는 수준'과 '조금 더'의 차이

지난 몇 년간 내게 "방법 ②와 방법 ③의 구별이 좀 어려워요"라 토로한 이들이 적지 않다. 그러니 혹여 생길 수 있는 모호함을 없애기 위해 여기서도 조금 더 자세히 설명하겠다.

내가 집 안의 방에 페인트를 칠하기로 결정했다 치자. 방법 ①은 나로 하여금 페인트칠을 시작하고 끝마치게 할 테고, 방법 ②는 그 일을 기대 이상의 수준으로 잘 끝마치게끔 자극할 것이다. 지금까지 나는 페인트칠 기술을 배운 적이 없다. 그러니 현재의 내 지식수준 이상으로 훌륭한 페인트칠을 해내기 위해 온라인 동영상에서 몇 가지 팁과 요령을 참고할 것이다. 그 과정은 내가 처음 생각했던 것보다 훌륭한 수준으로 페인트칠이란 일을 완수하는 데 도움이 될 것이다.

방법 ③은 내가 할 수 있다고 생각하는 정도에 보태어 조금 더 하도록 나를 격려한다. 페인트칠을 끝내고 보니 내가 처음 상상했던 것보다 방이 더 예뻐 보인다. 방법 ③대로 하기 위해 나는 동네 공예품 가게에 가서 둘러본 뒤, 방을 더 예쁘게 꾸며줄 꽃병을 구입하기로 한다. 허전해 보이는 벽에 걸어 둘 그림 두 개도 함께 산다. 꽃병과 그림을 구매하는 일은 내가 할 수 있는 것보다 조금 '더' 하려는 행동이라 할 수 있다.

최소한의 실행에 만족하며 일을 끝내고 앞으로 나아가길 원하는 사람이 되지 말라. 우리는 기회가 있을 때마다 조금 더 하기 위해 의지력을 발휘하는 사람이 되어야 한다.

잠자리 정돈의 힘

거지에게 쌀 한 톨이 귀하듯, 지혜로운 사람에게는 하루 1분 1초가 귀하다. 시곗바늘이 오르락내리락하는 동안 인식을 현재에 집중시키는 것은 시간의 소중함에 대한 한 사람의 경의를 보여준다.

'매 순간이 기회'라는 생각을 가진 사람은 짧은 순간들을 활용해 의지력을 키울 수 있다. 앞서 살펴본 집중의 경우와 마찬가지로, 의지력을 개발하려는 노력은 삶의 모든 측면에 녹아들어야 한다. 하루에 10분씩 의지력을 키우고 나머지 시간 동안 그 노력을 약화시키는 행동을 해선 안 된다는 뜻이다. 그런 방식으론 자신이 원하는 바를 이루기 어려울 것이다.

우리의 하루는 의지력을 개발할 기회로 가득 차 있다. 집중력이 그랬듯 의지력도 '평소 어김없이 반복되는 일'이란 기회를 통해 개발될 수 있기 때문이다. 우리는 특정 목적을 위해, 혹은 필요시에 사용하기 위해 돈을 저축한다. 의지력도 다르지 않아서, 저축하듯 의지력을 키우면 필요할 때 더 많이 쓸 수 있다.

그 첫 번째 단계는 평소 어김없이 반복되는 일을 찾는 것이고, 그다음 단계는 의지력을 키우는 세 가지 방법을 각각의 일에 적용하는 것이다.

스스로에게 이렇게 물어보라. "내 평소 생활에서 어김없이 반복되는 일로는 무엇이 있지? 어떻게 하면 의지력을 키우는 방법을 그 일에 끼워 넣을 수 있을까?"

내가 수도원 생활을 시작했을 당시 데바 스승님은 수면을 반복되는 일 중 하나로 보고 의지력 개발 기회로 활용하도록 가르쳤다. 우리는 아침에 일어나면 잠자리 정돈을 해야 했다. 매일 아침 잠자리 정돈이 수면을 끝마치는 일이었다.

수도원에서 나와 뉴욕에 살면서도 나는 매일 아침 잠자리를 정돈한다. 아이가 밤새 즉흥 공연을 펼치며 빙빙 도는 바람에 대개 나는 헝클어진 침대보와 이불 속에서 일어난다. 매일 아침 거의 흐트러지지 않은 얇은 이불 한 장과 베개 한 개를 바로잡는 데 30초도 걸리지 않던 시절은 갔다.

가족이 생기면서 나의 잠자리 위에는 몇 겹의 이불이 추가되었다. 뒤엉킨 이불들을 풀어내는 것으로 잠자리 정돈을 시작한다. 그러고 나서 침대보를 똑바로 펴고 베개를 부풀린 다음 위치에 맞게 놓는다.

잠자리 정돈은 '시작한 일을 끝마치라'는 방법 ①을 충족시킨다. 방법 ②와 방법 ③을 따르려면 기대를 뛰어넘는 수준으로 잘 끝마치고, 할 수 있다고 생각한 것에 보태어 조금 더 해야 한다. 나는 모든 침대보를 매트리스 밑으로 깔끔하게 밀어 넣고 이불을 주름 하나 없이 매끈하게 편다. 그다음 창의력을 소환해 이불 한쪽 모서리를 호텔 침대처럼 접고 베개를 창의적인 방식으로 다시 정렬한다.

정돈이 끝나면 깔끔하고 정갈하며 아늑한 잠자리가 만들어지고, 침실은 기분 좋은 느낌을 풍긴다. 그러나 그보다 더 중요한 것은 의지력을 개발하는 행동으로 나의 하루를 시작했다는 사실이다.

정신없이 바쁠 때, 혹은 늦잠을 잔 아침이면 잠자리 정돈을 건너뛰고 싶은 욕구를 느끼기도 했다. 그 유혹은 강렬했지만 나는 언제나 저항했다. 어떤 장애물이 나타나더라도 그것들은 모두 내 마음속에 있는 것이었다. 나는 잠자리 정돈이라는 리추얼의 연속성을 깨뜨리지 않도록 스스로를 채근했다. 잠자리 정돈은 어려운 일이 아니다. 다만 사람들은 그런 일을 꾸준히 실천하는 데 실패할 뿐이다.

잠자리를 왜 정돈하는가?

워크숍이나 강연에서 잠자리 정돈에 대해 이야기하면 공감하는 이들이 많다. 아마도 그 일이 우리 삶에 녹여 내기 비교적 쉬운 습관이기 때문일 것이다. 잠자리 정돈은 매일 아침 우리 앞에 놓이는 첫 번째 임무로서 쉽게 이룰 수 있는 목표다. 많은 노력을 기울이지 않고도 성취할 수 있는 의지 행위란 뜻이다.

잠자리 정돈에 열정적인 몇몇 사람은 자신이 정돈한 잠자리의 사진을 찍어 소셜미디어에 공유하거나 이메일로 보낸다. 또 어떤 사람들은 나를 직접 찾아와 자신이 이 훈련을 따르기로 했을 뿐 아니라 매일 꾸준히 실행했다며 열정을 담아 자랑스럽게 이야기하기도 한다.

"선생님의 이야기를 들은 이후로 저는 매일같이 잠자리 정돈을 했어요."

나는 그들의 성공에 기쁨을 느꼈다.

"축하드립니다! 정말 큰 성취를 이루셨군요. 꾸준히 실천했다는 것에 스스로를 자랑스러워하셔야 합니다. 그런데 아침에 왜 잠자리 정돈을 하시나요?"

이렇게 물으면 대개의 사람들은 이렇게 답한다.

"음, 아침에 첫 임무를 완수한 성취감을 느낄 수 있으니까요." "하루를 승리로 시작할 수 있으니까요."

물론 이것들은 틀린 대답이 아니나, 잠자리 정돈을 해야 하는 이유에 관해 내가 말한 맥락을 완전히 벗어난다.

매일 아침의 잠자리 정돈은 의지력의 향상이라는 목적하에 이루어지는 행위다. 의지력을 키우는 세 가지 행위는 평소 어김없이 반복되는 일을 기회로 삼아야 하고, 잠자리 정돈이 바로 그런 기회이기 때문이다.

우리가 의지력을 개발하려는 건 마음속에서 인식을 활용하고, 또 원하는 방향으로 이끌고자 하기 때문이다. 그렇게 하면 에너지의 흐름을 인도할 수 있다. 이를 위한 의지력 훈련, 그것이 바로 우리가 아침에 잠자리 정돈을 해야 하는 이유다. 이러한 훈련은 우리 삶이 어떻게 펼쳐지는지와 관련된 '훨씬 더 위대한 목적'에 기여한다.

그러한 목적을 **상칼파**sankalpa라고 하는데, 이는 '목적'과 '의도'를 뜻하는 산스크리트어 단어다. 상칼파는 무엇보다 의도의 명확성이 중요하다. 잠자리 정돈을 단순히 의지력 향상이라는 목적에만 묶어 생각해선 안 된다. 왜 그렇게 하는지, 그리고 궁극적으로 그 의지력을 무엇을 위해 이용할지까지도 이해해야 한다는 뜻이다.

그러니 내일부터는 아침에 일어나 잠자리 정돈을 할 때 스스로에게 상기시키자. 자신은 지금 의지력 향상에 초점을 맞춘 리추얼을 수행하고 있음을 말이다. '의지력은 인식이 마음속에서 향하는 곳, 즉 에너지가 흘러갈 곳을 통제하는 데 필요하고 어떤 삶의 모습이 실현될지를 결정한다'는 사실을 마음속으로 되새기자. 반복의 힘과 의도의 명확성을 발휘해 인식의 작용 과정을 그렇게 잠재의식에 새겨나가자.

잠자리 정돈은 누구나 할 수 있는 일이다. 그러나 정돈 이전과 이후의 모습이 크게 다르지 않은 잠자리가 있는가 하면, 약간의 생각과 노력이 기울여진 덕에 훨씬 보기 좋아진 잠자리가 있을 것이다. 이렇듯 한 사람의 인생과 주변 환경, 일을 끝마치는 (혹은 끝마치지 않는) 방식을 관찰해보면 그가 어떤 사람인지, 자기 일을 어떻게 대하는지, 그리고 얼마나 강한 의지력을 지니고 있는지를 알 수 있다.

매일 아침 잠자리 정돈을 하는 리추얼에는 또 한 가지 중요한 이점이 있다. 인식이 향하는 방향과 관여하는 대상이 자신의 통제하에 있다는 사실을 마음에게 분명히 일러준다는 것이다. 동시에 그와 관련된 그날의 명확한 선례를 만든다.

만약 인식 통제권을 주변 환경에 넘겨준다면, 우리는 밤사이 잔뜩 쌓인 휴대전화 알림과 메시지 위에서 펼쳐지는 관심거리를 끝없이 탐닉하게 될 것이다. 그런 외부 또는 내부 환경이 아닌 나 자신이 내 인식의 방향을 통제할 수 있게끔 의지력을 개발하라.

우리는 일어나자마자 잠자리 정돈을 함으로써 자신의 마음과 몸, 감정에게 의지력을 행사하며 인식을 통제하고 인식의 관여 대상을 결정할 권한이 자신에게 있음을 주장할 수 있다. 우리의 마음과 몸, 감정은 인식을 통제할 수 없고 우리를 돕기 위해 존재하는 것이란 사실도 말이다. 그것들의 주인은 우리 자신이다. 그러니 인식이 향하는 방향을 그것들이 결정하도록 내버려 두지 말고, 인식에 대한 자신의 주도권을 확실히 다잡으라.

의지력을 키우는 습관 만들기

매일 일어나는, 특히나 빠뜨리면 안 되는 일은 의지력 향상 훈련을 실행할 완벽한 기회다. 그런 일들은 이미 우리 삶에서 자연스러운 부분이 되어 있고, 그렇기에 우리의 삶을 더 좋게 만드는 기회로 활용하는 데도 더할 나위 없이 좋다.

앞에서 잠자리 정돈 습관에 대해 이야기했으니 이번에는 식사 습관을 살펴보자. 수면과 마찬가지로 식사 또한 우리 생활에서 빠뜨릴 수 없는 일이다. 나는 매일 아침을 먹는다. 그런데 아침을 만들어 먹을 시간이 있다면 식사 후 설거지할 시간도 분명히 있다. 감당할 수 없을 정도로 눈앞 가득히 늘어선 '오늘의 할 일 목록'에 굴복한 나머지 "오늘은 일이 급하니 설거지는 나중에 해야겠어"라 말하지 않도록 저항해야 한다.

나는 아침을 먹고 나면 그릇들을 씻어 건조대에 올려놓고 재택근무를 시작한다. 그렇게 몇 시간이 지난 뒤에 돌아와 자연의 도움으로 모든 그릇들이 말랐음을 확인하면 찬장에 넣어 둔다. 아침 식사 과정은 그제야 끝난다. 시작한 일을 끝마친 때가 그때이기 때문이다.

하지만 모두가 이런 방식으로 해야 하는 것은 아니다. 설거지를 하고 그릇들을 곧바로 천으로 닦은 뒤 찬장에 넣음으로써 그 일을 즉각 끝마칠 수도 있다. 혹은 식기세척기에 그릇들을 넣고 조리대에 떨어져 있는 음식물 찌꺼기를 닦거나 청소하는 것으로 식사 과정을 끝마쳤다고 할 수도 있다. '시작한 일을 끝마치기'가 무엇인지는 이처럼 스스로 정의해야 한다. 그렇게 정의한 뒤엔 그 정의를 고수하라. 자신의 과정을 고수하는 능력은 의지력이 작동하고 있음을 보여준다. '시작한 일을 끝마치기'를 스스로 정의하고 고수하지 않으면 오전 내내 주방을 청소하게 될 수도 있다.

'기대를 뛰어넘는 수준으로 그 일을 잘 끝마치기'와 '할 수 있다고 생각하는 것보다 조금 더 그 일을 하기'가 갖는 의미도 마찬가지로 스스로 정의해야 한다. 그렇지 않는다면 자칫 잠자리 정돈에 한두 시간을 보낼 수도 있다. 느닷없이 침대보를 빨고, 베개를 햇볕에 말리고 하면서 말이다. 이런 방식은 실용적이지도, 합리적이지도 않다.

다시 식사 습관으로 돌아가보자. 대개의 사람들은 매일 적어도 한 끼를 집에서 먹는다. 재료 준비에서 시작해 요리 및 식사 전후 정리에 이르기까지, 식사 과정을 면밀히 살펴보면 의지력을 키우는 세 가지 방법을 적용할 기회가 많다. 의지력 향상에 열정을 갖고 있다면 매일 일어나는 그 기회들을 활용해야 한다.

데바 스승님은 수도승들에게 "방을 전보다 더 나은 상태로 만들고 떠나라"라고 말했다. 우리는 우리가 들어왔을 때보다 조금 더 멋져 보이는 방을 만드는 데 모든 노력을 기울였다. 이 지침을 꾸준히 적용하면서 나는 아주 사소한 행동도 눈에 띄는 차이를 만들 수 있다는 사실을 깨달았다.

우리 식구들에게 있어 외출이란 행위는 집에 돌아와 현관에서 신발을 벗는 것으로 끝난다. 우리는 이 과정의 일환으로 신발을 벗어 적절한 장소에 두고, 거기에 약간의 노력을 더 보태어 그 일을 더 잘하기 위해 신발을 가지런히 정렬한다. 이 행동은 아주 간단해 내 아이마저 능숙해졌다.

겉옷을 소파 위에 던져 놓는 건 옷장 속 옷걸이에 걸어 두는 것보다 쉽고, 더러운 옷을 침실 바닥에 놓아 두는 것 또한 빨래 바구니에 넣는 것보다 쉽다. 하루는 이처럼 우리가 의지력을 키울 수 있는 많은 기회들로 가득하다. 의지력을 키우려는 명확한 목적이 의식과 잠재의식에 확고히 자리 잡고 나면 우리는 그런 기회들을 잡일이나 귀찮은 일로 보지 않고 기꺼이 받아들이게 된다. 그리고 그 기회들은 결국 습관이 된다. 그 시점에 이르면 각 기회는 실행하는 데 큰 노력이 들지 않고 하나의 리추얼이 되어 있을 것이다.

우리가 삶을 사는 방식은 의지력과 집중력을 개발하고자 하는 우리의 마음가짐을 반영한다. 이러한 리추얼은 우리 삶을 이루는 리듬의 일부로, 특정한 목적을 달성하도록 조직적으로 설계된 잠재의식을 이용한다.

의지력 키우기

이제 의지력을 키우는 연습을 해보자. 우선 평소 어김없이 반복되며 의지력을 개발할 기회로 활용할 수 있는 일 다섯 가지를 적는다. 앞서 내가 제시한 예를 그대로 사용해도 좋고 자신만의 것을 생각해도 좋다. 집중의 실천 연습과 마찬가지로, 이때의 중요한 조건 역시 평소 어김없이 반복되는 일이어야 한다는 것이다.

이 다섯 가지를 자신이 적용하고자 하는 순서대로 나열하라. 그중 맨 처음 것을 골라 한 달 동안 자신의 삶에 적용해 리추얼로 만들라. 나머지 네 가지는 그 기간 동안 보류하라.

첫 번째로 선택한 일이 잠자리 정돈이라면, 그것을 매일 정확한 방식으로 실천하라. 그리고 그 일에 의지력을 키우는 세 가지 방법을 적용하라. 한 달이 지나도 꾸준히 잘 수행하지 못한다면 그 일을 매우 잘 수행하게 될 때까지 계속해서 실천하라.

잠자리 정돈을 정말 잘하고 있다고 스스로 만족하는 때가 오면 두 번째 일을 매일의 리추얼에 추가할 수 있다. 가령 그것이 아침 식사 후에 하는 설거지라면, 아침마다 그 일을 실행하는 데 초점을 맞추라. 이 두 가지 리추얼을 정말 잘 수행할 수 있는 시점에 다다르면, 그때 세 번째 일을 매일의 리추얼에 추가하라.

벤치프레스를 할 때 중량을 점진적으로 늘려가야 한다는 내용을 기억하는가? 의지력 개발에도 이것이 적용되어야 한다. 의지력 개발에 있어 무엇보다 가장 중요한 요소는 인내심이다. 조급함은 실패를 보장한다.

이러한 매일의 리추얼이 따분하고 중요하지 않아 보일지 모르겠으나, 나는 그렇게 생각하지 않는다. 나는 하루 동안 수행하는 모든 일을 내가 관여하겠다고 의도적으로 결정한 행동들이라 여긴다. 따라서 각각의 일은 나의 온전한 관심과 주의를 받을 가치가 있다. 이 사소해 보이는 행동들은 내 삶의 중요한 부분을 차지한다. 내 삶은 그것들이 매일 꾸준히 반복됨으로써 형성되기 때문이다.

의지력이 커지면 마음속에서 인식이 향하는 방향을 통제할 수 있다는 사실, 그것만으로도 그 힘을 키우는 데 하루를 바칠 이유는 충분해진다. 의지력을 사용하면 보다 정제된 마음속 영역인 초의식으로 인식을 보낼 수 있고, 그 결과 더 높은 깨달음 상태를 경험할 수 있다.

우리 모두의 마음속에 존재하는 초의식은 지금 이 순간에도 우리의 인식이 그곳에 존재하기를 끈기 있게 기다리고 있다. 의지력 키우기는 내 목표를 위해 좁고 깊게 사는 것일 뿐 아니라, 더 중요하게는 보다 높은 깨달음 상태를 경험하고 궁극적으로 참나깨달음을 얻기 위한 것이다.

의지력의 원천 찾기

나는 지난 수십 년 동안 더 나은 자신이 되기 위해 노력하면서 수많은 정신적·정서적 공백을 메워야 했고, 여러 성격적 특성을 겸손하게 인정하고 조정해야 했다. 젊은 수도승이었던 시절에는 내 안에 잘못 뿌리박혀버린 잠재의식과 싸우며 정신적으로 패배감을 느낀 적도 많았다.

본성에 완전히 패배한 기분에 휩싸일 때면 스승님을 찾아갔다. 스승님은 방 안 의자에 앉아 있었고, 창문으로 들어오는 햇빛은 방충망을 통과해 방 안을 부드럽고 차가운 빛으로 채우고 있었다. 나는 전통을 따라 겸손하고 애정 어린 마음으로 스승님에게 절을 한 뒤 다리를 꼬고 앉았다. 스승님의 존재가 나를 희망으로 감쌌다. 나는 스승님이 이미 내 패배를 눈치챘음을 알 수 있었다.

우리는 아무 말도 주고받지 않았다. 한참이 지난 후 마침

내 스승님이 침묵을 깨고 말했다.

"네 질문에 대한 답은 의지력이다."

스승님은 내가 그 말을 이해할 때까지 기다린 뒤 계속 이야기했다.

"의지력의 원천으로 가서 네 의지를 끌어와야 한단다. 그리고 그 원천은 네 안에 있지."

나는 언제나 그랬듯 온전한 관심을 기울여 스승님의 말을 들었다. 그리고 이렇게 물었다.

"제 안 어디에 의지력의 원천이 있나요?"

스승님은 웃으며 대답했다.

"알려주지 않을 거다. 그건 네 스스로 발견해야 한다."

스승님과의 대화는 그렇게 마무리되었다.

의지력의 원천을 스스로 발견함으로써 얻을 수 있는 경험적 학습은 누군가가 일러줘서 얻을 수 있는 것과 크게 다르다. 의지력의 원천을 스스로 알아내는 것이 가능해지면 언제든 그곳으로 돌아가 삶에서 자신이 필요로 하는 모든 것을 요구할 수 있다. 의지력의 원천을 발견하면 상상 이상의 자원을 얻을 수 있다. 그렇기에 그것을 찾기 위한 탐구는 시작해볼 가치가 있는 노력이다. 여러분 모두가 이 탐험에서 성공을 거두기를 바란다.

PART 4

좁고

깊은 삶의

방해물들

없애기

CHAPTER 8

마음속 적들과의 싸움

문제는 문제가 아니다.
바로잡아야 할 것은 잠재의식 패턴이다.
– 데바 스승님

현재에 몰두하기

마음을 방치하면 마음의 병을 여럿 얻을 수 있다. 그러나 인식과 마음을 확실히 이해하고 나면 그 병들을 더 잘 관리하고 극복할 수 있으며, 마음이 향하는 방향을 더욱 잘 통제할수 있다. 이번 챕터에서는 많은 이들의 마음을 공포에 떨게만드는 네 가지 적인 걱정, 두려움, 불안, 스트레스에 대해다루고자 한다.

각각을 살펴보기 전에 우선은 인식 집중시키기와 관련해중요한 한 가지를 배워야 한다. 바로 '현재에 몰두하기'다.한 사업가가 내게 들려준 이야기로 이에 대한 레슨을 시작해보자.

"저희 가족은 개인 요트를 타고 검푸른 바다를 건너 외딴 섬으로 가고 있었어요. 휴대전화를 보다가 고개를 드니 저만 빼고 아내와 아이들 모두 바다 여행을 흠뻑 즐기고 있더라고요. 그제야 제가 15분 동안이나 휴대전화 화면에 시선을 고정하고 있었다는 사실을 깨달았죠."

그는 실망스러운 어투로 말하며 자신이 그 순간에 몰두하지 못한 것을 원통해했다.

"가족과 함께 즐길 수 있었던 그 경험은 제게서 영원히 사라져버렸어요."

사람들은 무언가를 경험하는 데 필요한 돈을 벌기 위해 일하면서 인생의 많은 시간을 보낸다. 그 경험이란 친구들과 길거리 카페에서 커피를 마시는 것부터 개인 요트를 타고 떠나는 여행에 이르기까지 다양하다. 그러나 어떤 경험이 되었든 그것에서 얼마나 많은 것을 얻을지 결정하는 요소가 있으니, 바로 '경험에 몰두하는 능력'이다. 그러나 안타깝게도, 많은 사람들은 고유한 경험들을 공들여 실현한 뒤 산만한 마음으로 그 시간을 낭비해버리고 만다.

몰두한다는 것은 집중 상태에 있다는 것과 다르지 않다. 지금 함께하고 있는 대상 혹은 경험하고 있는 일에 내 인식이 완전히 관여한다면, 나는 그 순간에 몰두하고 있다고 말할 수 있다.

마음챙김과 마찬가지로 현재에 몰두하기는 집중이 이뤄

질 때에만 가능하다. 다시 말해 '현재에 몰두하기'란 곧 '현재에 집중하기'다. 집중할 때면 자신과 함께하는 대상에 완전히 관여하게 되고 그 결과 그 경험에 몰두하게 되기 때문이다.

누군가에게 현재에 몰두하라고 말하는 건 잘못되었다. 그 사람이 현재에 몰두하기를 바란다면 집중하라고 하는 편이 더 정확할 것이다. 그가 집중하는 법을 배워 알고 있다는 가정하에서 말이다. 집중이 불가능하면 현재에 몰두할 수 없다. 집중하기는 몰두하기보다 먼저 이뤄지고, 현재에 몰두하는 상태는 집중할 때 드러나는 효과라고 이해하면 된다.

누군가와 만나 대화를 나누다가 상대가 그 대화에 더는 몰두하지 않는다는 걸 알아차린 적이 있을 것이다. 어떻게 그걸 알았을까? 상대의 에너지가 느껴지지 않을 때, 우리는 상대가 나에게 혹은 나와 함께하는 행위에 몰두하지 않고 있음을 알게 된다.

데바 스승님이 한 말을 기억하라. "에너지는 인식이 향하는 곳으로 흐른다." 한 사람의 인식이 그의 마음속에서 다른 어딘가로 이동한다면 그때부터 그의 에너지는 그곳으로 흐른다. 만약 에너지에 민감하여 상대의 에너지가 자신을 향해 흐르지 않음을 감지한다면, 그가 더는 대화에 집중하지 않으며 그곳에 존재하지 않는다는 사실을 알 수 있다. 설사 그 사람이 내 말에 기계적으로 반응하며 고개를 끄덕일지라도 말이다.

순간의 영원

현재에 몰두하기, 즉 현재에 집중하기에서 중요한 부분은
시간에 대한 기본적인 이해다. 시간을 단순화하여 바라보
면 과거, 미래, 현재 이 셋으로 나눌 수 있다. 그리고 인식은
이 셋 중 하나의 어느 시점에 존재한다.

인식을 과거로 돌리면 자신의 인생 경험 모음집을 뒤적
이게 된다. 그 모음집에는 우리가 세상에 태어났을 때부터
수집해 잠재의식이라는 보관소에 저장한 경험들이 담겨 있
다. 그리고 기억을 조직하는 기술에 훈련되지 않은 한, 이
보관소는 기억을 강박적으로 축적한다. 그렇기에 잠재의식
에는 대개 경험, 습관 패턴 등이 질서 없이 뒤엉켜 있다.

과거의 어떤 기억에 인식이 매몰되어 있을 때면 그 기억
의 목소리가 들려올 것이다. "우리가 한겨울 프라하에 갔을
때 그분들이 따뜻한 와인을 대접해주셨던 거 기억나? 따뜻
한 와인을 마셔본 건 그때가 처음이었지!"하는 식으로 말이
다. 물론 과거는 훌륭한 교육 자원이 될 수 있다. 과거의 경
험을 이용해 현재에서 더 현명한 결정을 내리고, 많은 통찰
과 가르침을 얻어 더 나은 미래를 꾸려나갈 수 있기 때문이
다. 다만 중요한 것은 이것이다. 우리는 과거를 탐닉하는 데
엄청난 시간을 보내지만 진정으로 중요한 단 하나의 순간,

즉 현재는 자신도 모르는 사이에 흘러가도록 내버려둔다.

인식이 미래로 이동하면 자신이 무엇을 꿈꾸는지 확인할 수 있다. "쿠알라룸푸르에 가서 길거리 음식을 실컷 맛보고 싶어. 거기 가면 제일 먼저 로티 차나이를 먹을 거야"라는 식의 말은 인식이 미래에 있음을 보여준다. 그런데 인식이 정신적 환상에 몰입해 미래에 대한 공상을 하는 데 많은 시간을 보내면 실망, 슬픔, 우울이 뒤따를 수 있다. 마음속으로 그리는 모습은 자신이 살고 있는 현실이 아니기 때문이다. 마음속에 미래에 대한 명확한 그림을 그리는 것은 원하는 바를 실현하는 과정에서 매우 중요한 단계지만, 미래를 실현하는 작업은 현재에 이루어져야 한다. 미래는 바로 지금 여기에서 만들어진다!

인식이 과거나 미래를 이동하게끔 허락하는 것은 전혀 잘못된 일이 아니다. 하지만 어느 쪽이든 지나치게 탐닉하는 것은 해로울 수 있다. 어떤 이들은 자신이 미래에 무엇을 할지 이야기하는 데 많은 시간을 보내지만 정작 현재에 몰두해 그 일을 실천하진 않는다. 또 어떤 이들은 과거를 회상하며 추억을 즐기거나 혐오하느라 삶이 흘러가고 있다는 사실을 알아채지 못한다.

그런가 하면 대부분의 시간을 현재에서 보내며 자신이 하고 있는 일에 깊이 집중하는 이들이 있다. 그들은 창조하고, 실현하고, 이끄는 사람들임과 동시에 모든 것이 바로 지금 여기서, 즉 순간의 영원 속에서 만들어진다는 사실을 아는 사람들이다.

데바 스승님은 '지금만이 유일한 현실'이라는 사실을 내 모든 곳에 주입시켰다. 그러기 위해 스승님은 많은 노력을 했고, 그 이치를 내 마음속 얼마나 깊은 층에 새기려는지에 따라 스승님의 접근 방식도 달라졌다.

어느 날 스승님은 내가 경험을 이용해 한 가지 가르침을 얻게 해주었다. 그날 나는 책상에 앉아 내가 해야 할 일을 마무리하고 있었다. 우리가 일과를 중단해야 한다고 정해진 시각인 저녁 6시가 이미 넘은 때였다. 책상 위 전화가 울렸고, 나는 손을 뻗어 수화기를 집어 들었다.

"단다파니."

스승님의 목소리가 들렸다.

"안녕하세요, 데바 스승님"

"윈드벨 숲으로 들어가거라."

그 순간 머릿속에 많은 생각이 스쳤다.

윈드벨 숲으로 들어가라는 말은 곧 거대한 수도원 부지 한가운데 나무들이 우거져 있는 숲속 오두막으로 가라는 뜻이었다. 다리 없는 개울을 건너고 길 없는 숲속을 걷다 보면 아주 소박한 오두막이 나왔다. 나무로 만들고 양철 지붕으로 덮은, 마치 반으로 잘려 반원기둥 모양이 된 통조림처럼 생긴 오두막이었다.

네 개의 나무 기둥으로 받쳐져 땅에서 1미터 정도 높이에 떠 있는 나무 바닥은 어림잡아 폭 1미터, 길이 2미터 정도였다. 입구는 철망으로 된 여닫이문으로 공기가 통했고 반대쪽 끝에는 입구가 반사되어 보이는 패널이 고정되어 있었다.

그 입구로 기어 들어가 벽에 등을 기대고 앉으면 긴 서까래로 고정된 지붕을 이루는 굽은 금속판과 내 머리 사이엔 8센티미터 정도의 여유 공간이 남았다. 이 1.5제곱미터 남짓한 하와이 오두막은 방금 나의 새 집이 되었다.

나는 스승님의 말에 대답했다.

"네, 내일 아침에 들어가겠습니다."

이미 땅거미가 빠르게 내려앉는 시간이었다. 이사는 어두운 숲에서 할 만한 일이 아니었다.

데바 스승님은 답했다.

"지금 들어가거라."

"하지만 점점 어두워지고 있는걸요."

나는 부드럽게 거절 의사를 표했다.

"손전등이 있지 않느냐?"

스승님과의 대화는 그렇게 끝났다. 나는 전화를 끊자마자 그때까지 하던 일을 모두 멈추고 얼마 안 되는 짐을 숲속 오두막으로 옮겼다.

이 경험은 내게 큰 가르침을 주었다. 우리는 이런저런 이유로 할 일을 미룬다. 그날 나는 숲속 오두막으로 이사하는 일이 불편하고 약간은 두렵게 느껴지기까지 했다. 그러나 데바 스승님은 즉시 이사할 것을 지시함으로써 의도적으로 내 인식을 현재로 불러들였고, 내가 불편하고 두려운 마음에 직면하게끔 만들었다.

또한 스승님은 할 일을 나중이 아닌 지금 하게 함으로서, 목표 실현에 있어 매우 중요한 것을 하나 가르쳐줬다. 미래는 나중이나 내일이 아닌, 바로 지금 여기서 만들어진다는 게 그것이다.

오두막에서 보낸 첫날 밤엔 나도 몰랐던 룸메이트인 도마뱀붙이가 자기 잠자리인 서까래에서 미끄러져 내 가슴 위로 떨어졌다. 뭔가 가벼운 것이 내 몸에 착지하는 느낌이 들었지만 그것은 내가 미처 반응을 보이기도 전에 후다닥 내 얼굴을 스치고 지나갔다. 그 오두막에서 보낸 몇 달 동안, 나는 상상했던 것보다 더 많은 교훈을 얻었다.

현재를 살아가기 위한 단계를 요약해보겠다. 우선은 인식과 마음이 확실히 구분된다는 사실을 이해하고, 그다음으로 인식은 어느 한 시점에 과거, 현재, 미래 중 하나에 존재할 수 있다는 것을 이해해야 한다. 인식을 지금 이 순간, 즉 현재에 고정시키고 싶다면 의지력과 집중력을 이용해 그것을 현재의 대상에 붙들어 두라. 그렇게 하면 현재를 살아갈 수 있고 현재에 완전히 몰두할 수 있다.

현재에 좁고 깊게 집중하며 살아가면 삶의 모든 경험을 온전히 누릴 수 있다. 한순간도 낭비하지 않으며 인생을 충만하게 살아가게 되는 것이다.

걱정의 근본 원인

두려움과 걱정은 긴 세월의 시험을 거치며 살아남은 정신적 전염병이다. 이것들은 사람들에게서 마음의 평화와 에너지를 빼앗아왔고, 많은 이들의 마음속을 무단으로 점유하는 달갑지 않은 존재가 되었다. 이 마음속 세입자들을 쫓아내려는 용감한 시도는 수없이 행해지지만 대개 성공하지 못하고, 그래서 대부분의 사람들은 그것들을 마지못해 함께 사는 존재로 받아들인다.

이것들은 우리 마음과 몸은 물론 우리가 매일 접하는 사람들에 이르기까지 삶의 모든 부분에 스며들겠다고 굳게 작정한 독과 같다. 때문에 이것들을 제멋대로 내버려 두면 우리의 의지를 무력화하고 인식을 마비시켜 삶의 흐름을 서서히 멈추게 만드는 파괴적인 결과를 불러일으킨다.

그러나 우리는 이것들을 묵인하며 그 노예로 살 필요는 없다. 그러한 마음 상태를 개선하고 결국에는 마음을 두려움과 걱정의 족쇄에서 해방시킬 치료제가 분명 존재하기 때문이다.

그 치료제란 곧 마음속에서 인식을 통제하는 능력이다. 오랜 세월에 걸쳐 검증된 그 묘약은 그것을 찾는 모두가 이용할 수 있고, 그 누구도 독차지할 수 없다. 하지만 그 치료제를 찾는 이들 모두가 그것을 소유하기로 마음먹지는 않는다. 그래서 안타깝게도 그 치료제는 소수의 손에만 남겨져 있다. 그들이 바로 대담한 태도로써 인류를 앞으로 나아가게 하는 영혼들이다.

걱정을 없애는 방법

걱정은 본능적 마음, 즉 의식이 낳는 결과 중 하나다. 인식이 의식에 있을 때 우리는 인식을 걱정의 경험에 노출시킨다. 의식 속에서 많은 시간을 보낸다면 자신이 언제든 걱정을 경험할 수 있음을 인지해야 한다. 인식을 통제하는 마음속 수준은 얼마나 많은 걱정을 경험할지를 결정한다.

고양이가 낮잠을 자는 데 익숙하듯 사람들은 걱정에 익숙하다. 그런데 걱정이 무엇인지 제대로 이해하려면 걱정의 정의부터 분명히 해야 한다. 메리엄웹스터 사전에 따르면 걱정은 '보통 임박하거나 예상되는 일에 대한 우려에서 오는 정신적 괴로움 또는 불안'이다. 그런가 하면 케임브리지 사전에서의 정의는 다음과 같이 좀 더 이해하기 쉽다. '자신을 불행하고 두렵게 만드는 방식으로 일어날 수 있는 문제 또는 불쾌한 일에 대해 생각함.'

데바 스승님이 들려준 자신의 어린 시절 이야기로 걱정을 정의해보겠다.

눈이 펑펑 내리던 어느 날, 일곱 살의 데바 스승님은 가족과 함께 차를 타고 집으로 향하고 있었다. 길바닥의 눈이 점점 두껍게 쌓이자 스승님은 걱정하기 시작했다.

'우리가 눈 속에 갇히면 어떡하지? 집에 제시간에 도착하지 못하면? 그럼 내가 제일 좋아하는 라디오 쇼를 놓치고 말 거야.'

일곱 살의 스승님은 이렇게 생각하고 나서 자신의 마음속에서 무슨 일이 일어나는지 관찰했다. 스승님의 인식은 현재를 떠나 미래로 이동하고 있었다. 미래에 도착하자자 인식은 가족이 탄 차가 눈에 갇히는 상황을 스승님의 **마음속에** 그렸다. 이 그림이 완성되자 인식은 현재로 돌아왔고 스승님은 걱정을 하기 시작했다. 마음속에서 만들어낸 상황에 대해 정신적으로 괴로워하고 불안해한 것이다.

마음속에서 이 모든 일이 벌어지는 모습을 관찰한 뒤 스승님은 스스로에게 물었다. '우리 아직 눈 속에 갇히지 않았지?' 그리고 대답했다. '응. 안 갇혔어.' 그러고는 다시 물었다. '쇼가 시작하기 전에 집에 도착할 수 있겠지?' 그리고 대답했다. '응.'

고작 일곱 살의 나이에 찾아온 위대한 깨달음의 순간이었다. 당시 스승님은 자신이 지금 이 순간 괜찮다는 사실을 인지했다. 그리고 스스로에게 '난 지금 괜찮아'라고 말했다. 그때 스승님은 그 순간의 영원 속에서 모든 것이 괜찮다는 사실을 깨달았다. 그 걱정은 미래에 기반을 두고 있었다. 스승님의 인식은 미래로 가서 일어나지 않은 상황을 만들어 낸 다음 현재로 돌아와 그 상황을 걱정했다. **일어나지 않은 상황을 생각하는 것, 그것이 바로 걱정이다.**

데바 스승님의 도움 덕에 나는 걱정에 대한 가장 명확한 통찰을 얻었다. 내 모든 걱정들은 그 이야기를 처음 들었을 때 순식간에 사라졌다. 이제 나는 전과 같은 방식으로 걱정을 바라보지 않는다. 대신 있는 그대로 그것을 바라본다. 통제되지 않는 인식이 부정적인 미래 상황을 만들어 현재에 괴로움을 불러오는 행위로 말이다.

만약 내 인식이 미래로 나아가 마음속에 걱정스러운 상황을 만들기 시작한다면, 나는 의지력으로 인식을 현재로 되돌릴 것이다. 이때 사용하는 의지력은 내가 시작한 일을 끝마치고, 기대를 뛰어넘는 수준으로 그 일을 잘하고, 할 수 있다고 생각한 것보다 조금 더 그 일을 함으로써 수년 동안 키워온 바로 그 의지력이다. 내가 잠자리를 정돈할 때마다, 신발을 벗어 가지런히 모아 둘 때마다, 설거지를 할 때마다, 그 외 평소 어김없이 반복되는 많은 일들 속에서 키워온 바로 그 의지력인 것이다. 그렇게 매일같이 내가 헌신적으로 쌓아 올린 의지력은 이제 걱정을 경험하지 않도록 소환될 것이다. 이러한 쓸모만 생각해봐도 의지력을 개발할 가치는 충분하다.

미래의 걱정에서 현재로 인식을 되돌리고 나면 나는 집중력으로 그것을 현재에 붙들어 둘 것이다. 이때 사용하는 집중력은 내가 주변 사람들에게 온전한 관심을 기울이고 한 번에 한 가지 일을 함으로써 수년간 개발해온 바로 그 집중력이다. 그렇게 매일같이 내가 헌신적으로 쌓아 올린 집중력은 이제 인식을 현재에 붙들어 두기 위해 소환될 것이다.

걱정이 들 때마다 마음속에서 무슨 일이 일어나고 있는지 관찰해보라. 인식이 현재를 떠나 미래로 나아가는 모습을, 그리고 그곳에서 이야기를 짓고 상황을 만들어 고통스러운 결과를 꾸미는 과정을 관찰하라. 이렇게 인식이 현재로 돌아오면 우리는 그 결과를 걱정하게 된다.

다시 한번 정리해보자. 먼저 인식과 마음은 분명히 구별되는 별개의 대상임을 이해하라. 그리고 인식은 움직이고 마음은 움직이지 않는다는 사실을 알라. 의지력과 집중력을 개발해 자신의 인식을 마음속에서 활용하고 원하는 방향으로 이끌 수 있다는 사실을 깨달으라. 그런 다음 만약 인식이 미래로 가서 마음속에 걱정스러운 상황을 만들어낸다면 의지력을 이용해 그것을 현재로 되돌리고, 집중력을 이용해 현재에 붙들어 두라. 이 과정이 삶에서 걱정을 없애는 방법이다.

걱정과 과거, 미래

걱정을 없애겠다 해서 인식이 미래로 이동해 그 어떤 부정적 시나리오도 만들게 하지 말라는 것은 아니다. 인식의 그런 활동은 분명 때때로 우리에게 도움이 될 수 있다. 발생 가능성이 있는 문제를 확인하고 해결책을 찾게 해주기 때문이다.

우리가 레스토랑 경영자라고 상상해보자. 새 레스토랑 설계를 거의 끝낸 지금, 기본적인 부분들을 모두 챙겼는지 확실히 하려면 인식을 미래로 보내 잠재적인 문제를 확인하면 된다. 마음속 미래로 이동한 인식은 금요일 밤에 붐비는 레스토랑의 모습을 그린다. 이 상상 속에서 주방에 화재가 발생한다. 이때 상상을 멈추고 인식을 다시 현재로 가져온다. 우리는 주방에서 화재 위험을 줄일 방법을 찾기 위해 전문가와 상담을 하고, 최적의 해결책을 찾아내 화재에 대비한다.

이 과정에서 우리는 인식이 미래로 가서 문제가 되는 상황을 만들게는 허락했으나, 마음속에 괴로움을 일으키는 것까지 허락하진 않았다. 그저 인식이 만들어낸 문제를 해결할 방책을 찾음으로써 인식 이동의 목표를 달성했을 뿐이다. 이는 인식이 현재와 미래를 왔다갔다하며 문제를 만들어내고, 그것을 실제로 해결하진 않은 채 상상만 하게끔 허락하는 것과는 매우 다르다.

미래와 달리 과거는 걱정이 사는 곳이 아니다. 과거에 이미 일어난 일에 대해 우리는 더 이상 걱정할 수 없다. 그 일에 대해 우리가 할 수 있는 일은 전혀 없다. 하지만 미래에 나타날지도 모르는 과거 행동의 결과에 대해선 걱정할 수 있다.

내가 어느 상점에서 고급 펜을 훔쳤다고 해보자. 며칠 뒤 친구와 대화를 나누던 중 나는 그 상점에 CCTV를 포함한 최첨단 보안 시스템이 이미 한 달 전에 설치되었다는 사실을 알게 된다. 이 정보를 듣자 나는 불안해지고, 인식은 겁먹은 채 미래로 향한다. 인식이 향한 미래 속에서는 그 상점 주인이 보안 영상을 확인하고 경찰에 신고해 결국 내가 체포되고 만다는 이야기가 만들어진다. 이야기가 완성되면 나의 인식은 현재로 돌아와 그런 일이 일어날 가능성을 걱정하기 시작한다. 오래지 않아 인식은 마음속에서 다시 미래로 향해 또 다른 시나리오를 만들고 걱정거리를 추가로

던져준다.

이런 식의 과정은 계속해서 반복된다. 괴로움을 주는 각각의 이야기가 만들어질 때마다 우리의 인식은 현재로 돌아와 그것을 걱정한다. 그 결과 마음에 끝없는 혼란이 일고 영원한 걱정의 세계에 빠져든다.

그러니 기억하라. 과거는 걱정거리를 남기지 않지만, 미래는 걱정이 사는 곳이자 자라나는 곳이란 사실을 말이다.

걱정을 현실로 만들기

이제 여러분은 걱정이란 곧 인식이 미래로 가서 일어나지 않은 문제를 마음속에 만들어내고 현재로 돌아와 그 문제에 대해 괴로워하는 것임을 이해했을 것이다. 그 이후로 인식이 마음속에서 정확히 그 문제에 반복적으로 방문한다면(이것이 걱정하는 행위의 본질이다) 그럴 때마다 그 문제는 더 심화될 것이다. 인식이 그곳으로 향할 때마다 에너지가 그곳으로 흐르고, 그럴수록 마음속에서 그 문제가 점점 더 강력해지기 때문이다.

모든 것은 먼저 정신적 세계에, 그런 뒤 물리적 세계에 드러난다. 걱정 역시 그 기원을 우리 안에서 찾을 수 있다. 우리는 인식이 마음속에서 미래로 여행하여 문제를 만들어내는 걸 허락했다. 우리의 인식이 그렇게 하자 그 문제는 우리의 정신적 세계에 드러났다. 그 이후에도 인식이 걱정의 형태로 그 문제에 반복적으로 방문하는 걸 허락한다면 우리의 에너지가 그곳에 반복적으로 쌓일 테고, 마음속에선 그 문제가 심화될 것이다. 걱정은 마음속에 새겨진 걱정이라는 패턴에 에너지가 쌓일수록 더욱 심해진다. 그리고 이 과정이 오랜 시간에 걸쳐 지속적으로 반복됨에 따라 우리는 물리적 세계에 그 걱정을 구체화하기 시작한다.

수도원을 떠난 뒤 나는 뉴욕에서 첫 번째 워크숍을 진행했다. 그 워크숍에서 나는 모든 일은 먼저 정신적 세계에서, 그 뒤에 물리적 세계에서 실현된다는 이론에 대해 이야기했다. 그런데 워크숍이 끝나자 한 남자가 내게 다가오더니, 마음속에서 어떤 일이든 실현될 수 있다는 말을 자신은 믿지 않는다고 말했다.

나는 그에게 물었다.

"직업이 어떻게 되시나요?"

그가 대답했다.

"월스트리트에서 주식 거래를 합니다."

나는 그에게 이렇게 요청했다.

"저를 위해 실험을 하나 해주시겠어요? 매일 선생님의 모든 투자가 실패하고 수십만 달러를 잃고 있다고 마음속에서 상상하며 그 기분을 느껴보시는 겁니다. 이 실험을 하루에 일곱 번 이상 일주일 동안 해주세요. 그렇게 해주실 수 있겠어요?"

그는 아무 표정 없이 나를 보며 말했다.

"아니요!"

더 이상의 말이 필요 없었다. 인식이 반복적으로 어떤 걱정을 향해 가도록 허락한다면 그 걱정을 물리적 세계에 실현하는 과정을 시작한 것이나 다름없다. 긍정적이든 부정적이든 우리가 마음속에서 에너지를 꾸준히 쏟는 대상은 우리 삶에 실현된다.

두려움 정복하기

두려움은 모든 저조한 감정으로 향하는 입구다. 걱정이 정신적 폭력배라면, 두려움은 마음을 공포에 떨게 하는 모든 낮은 감정의 두목이다.

두려움을 자세히 들여다보면 걱정과 마찬가지로 그것 또한 인식이 미래로 향한 결과임을 알게 될 것이다. 아직 일어나지도 않은 상황을 마음속에 만들어내고 현재로 돌아와 그 일을 두려워하는 것이란 점을 말이다.

칠흑같이 어두운 밤, 당신은 으슥한 동네의 쓸쓸하고 어두침침한 거리를 혼자 걷고 있다. 땅에 부딪히는 구두굽 소리만이 섬뜩한 침묵을 깨뜨린다. 당신은 자신이 이곳에 있는 정확한 이유를 모른다. 공기가 차가워 두 손을 교차시켜 맨팔을 문지른다. 지금 느껴지는 것이 두려움인지 추위인지 궁금해지기 시작한다.

인식은 마음속에서 50걸음 정도 앞서 걸으며 길가에 주차된 버려진 자동차로 향한다. 그리고 그 순간 자동차 뒤에서 지저분한 남자가 갑자기 당신에게로 달려드는 장면을 떠올린다. 그 장면이 끝나기가 무섭게 인식은 현재로 돌아온다. 그 허구의 장면은 지금 마음속에 생생히 살아 있고, 그 탓에 등골에는 오싹한 기운이 흐른다. 두려움이 엄습한다. 당신은 발걸음을 늦추며 조심스럽게 앞으로 걸어간다.

당신이 지금 느끼고 있는 두려움은 잠재의식 속에서 같은 주파수로 진동하는 기억을 촉발한다. 인식은 예전에 본 영화의 한 장면으로 곧장 이끌린다. 한 여성이 어두운 거리를 걷다 좀비 무리에게 습격당해 산산조각 나는 장면이었다. 그 장면을 볼 때 경험했던 두려움이 되살아나자 인식은 다시 미래로 돌진한다. 그러고선 이 으스스한 거리의 그림자에 숨어 있던 좀비가 갑자기 당신을 덮쳐 그 잔인한 장면을 재현하는 모습을 상상한다.

인식은 이제 불안정하게 현재와 미래를 왔다갔다하고, 순전히 두려움 때문에 더 소름 끼치는 장면을 떠올리며 당신을 제정신의 가장자리로 내몬다. 당신은 도망쳐야 할지 울면서 땅바닥에 주저앉아야 할지 도무지 결정할 수 없다.

당신이 주인공인 이 가상의 이야기에는 몇 가지 주목할 점이 있다.

첫째, 두려움을 느낄 때 마음속에 나타나는 장면은 걱정을 느낄 때와 다르지 않다. 걱정이 그렇듯 두려움 또한 그 기반을 미래에 두고 있다. 우리는 과거를 두려워할 수 없다. 과거는 이미 일어났고, 그 일에 대해 우리가 할 수 있는 일은 아무것도 없기 때문이다. 다만 우리는 미래에 실현될지도 모르는 과거 행동의 파장을 두려워할 수는 있다. 그러나 순간의 영원 가운데에서 우리는 창조되거나 파괴될 수 없는 순수한 에너지다. 두려움은 여기에 존재하지 않고, 존재할 수도 없다. 순간의 영원 속에서 우리는 언제나 '지금 이 순간 괜찮다.' 두려움은 오직 미래에만 산다.

의지력과 집중력이 움켜쥐고 있던 인식을 놓치면 우리는 본능적으로 그것을 늑대에게 던진다. 인식을 야생에 더 오래 내버려 둘수록, 다시 말해 의지의 통제를 받지 않는 상태로 더 오래 내버려 둘수록 우리는 그것을 주변 환경과 잠재의식에 더 깊이 예속시킨다. 방금 전의 이야기를 예로 들자면, 마음속에서 인식이 향하는 방향을 지시한 것은 당신이 아닌 주변 환경이었다.

그 이야기에서 알 수 있듯, 두려움을 불러일으킨 것은 섬뜩한 거리뿐만이 아니었다. 잠재의식 또한 마음을 완전히 혼란에 빠뜨렸기 때문이다. 잠재의식 속 해결되지 않은 과거 경험으로 인해 인식은 두려움을 반복적으로 느낄 수 있다. 두려움은 그 경험을 재현할 때마다 점점 누적되고, 그 결과 잠재의식에는 더욱 강력한 두려움의 패턴이 만들어진다. 이 과정을 '두려움의 수레바퀴'라고 부르자. 두려움이 마음속을 지배하는 힘이 되면 우리는 안전하다고 느껴지는 기준에서 벗어나는 그 어떤 행동도 하지 못하게 된다.

걱정의 경우가 그랬듯, 두려움을 극복하는 열쇠는 인식을 현재로 되돌리는 일에 있다. 인식이 현재로 돌아오면 우리는 이 문제를 해결할 기회를 얻는다. 앞의 이야기를 다시 예로 들자면 다른 길로 갈지, 친구나 택시를 부를지 등을 결정할 수 있는 것이다. 하지만 인식이 통제되지 않은 채 미래로 가서 마음속에 두려움을 일으키도록 내버려 둔다면 마음 상태는 두려움에 꼼짝없이 사로잡힐 것이다.

두려운 마음 상태에겐 이성적 결정을 내릴 능력이 없다. 마음을 각 층마다 여러 상태가 들어찬 다층 건물에 비유하자면, 이성은 두려움보다 두 층 위에 자리한다. 따라서 인식이 마음속 두려움 층에 머문다면 이성적 사고가 불가능할 테고, 이성의 층에 있다면 두려움에서 벗어나 이성에만 의거해 사고할 것이다. 만약 여러분의 집 두 층 위에 누군가 살고 있다면, 어떤 기기의 도움 없이는 그 사람과 대화하기가 어려울 것이다. 그 사람이 자신의 층에서 겪는 경험 또한 당신의 층에서 당신이 겪는 그것과는 다르다. 그의 관점과 당신의 관점도 이와 마찬가지로 다르다.

두려움이 항상 나쁜 것만은 아니다. 우리는 육체에 살고, 육체는 우리 본능적 마음에 묶여 있다. 본능은 우리가 지닌 동물적 본성으로서, 실제 위협이나 위험을 감지해 우리로 하여금 두려움을 느끼게 한다. 따라서 우리가 겪는 두려움은 때때로 자기보호 기제가 된다. 이 징후에 주의를 기울인다면 우리는 두려움을 이용해 해로운 경험을 피할 수 있다. 하지만 그 두려움이 자라나 인식을 지배하게끔 허락한다면 그때부터 모든 것은 급속히 나락으로 떨어지기 시작할 것이다.

마음 보호하기

으슥한 거리를 걷는 경험에 반응하는 방식은 그때의 인식이 마음속 영역 중 공포에 있느냐, 아니면 희망에 있느냐에 따라 달라진다. 인식이 이성의 층에 자리한다면 그 거리를 걸으면서 이성적으로 사고하겠지만, 만약 두려움의 층에 자리한다면 두려움이 온몸으로 퍼질 것이다. 이성의 바로 위층에는 의지력이 있는데, 인식이 이곳에 있다면 용기를 내 그 거리를 대담하게 걸어갈 것이다. 두려움 바로 아래층에는 분노가 있고, 만약 이곳에 인식이 자리한다면 자신이 그러한 상황에 처했다는 것에 스스로 분노할 것이다.

우리의 관점은 우리의 인식이 마음속 어디에 있는지에 따라 결정된다. 즉, 우리가 사물을 보는 방식, 경험에 대응하는 태도, 삶에 대한 반응, 순간의 기분을 비롯한 모든 것을 결정하는 건 우리의 인식이다. 인식과 마음에 대한 이해가 왜 그토록 중요한지를 이제 알겠는가?

두려움을 극복하는 첫 번째 단계는 의지력과 집중력을 이용해 인식을 마음속 두려움의 영역에서 꺼내는 것이다. 그러면 그 두려움의 근본 원인이 무엇인지 살펴볼 기회를 얻을 수 있다. 하지만 두려움에 빠져 있는 동안에는 두려움을 이해하기가 힘들다.

마음의 힘을 이해하는 이들은 항상 마음을 보호하려고 한다. 마음속 두려움의 영역이 커지면 그곳은 힘들 때마다 인식이 기본적으로 향하는 장소가 될 것이다. 그러면 우리는 안 좋은 결정을 내리기 쉬워지고, 나쁜 결정은 훨씬 더 안 좋은 결과로 이어진다. 무서운 상상 등 마음속 두려움의 영역을 키울 수 있는 경험은 되도록 하지 않는 편이 좋은 이유가 이것이다.

주방 싱크대에는 음식물 찌꺼기가 배수관을 막는 것을 방지하기 위한 거름망이 있다. 배수관 보호를 위해 주방 싱크대에 거름망을 끼우듯이, 우리는 찌꺼기가 마음속 길을 막지 않게끔 마음에도 거름망을 만들어야 한다. 무슨 수를

써서든 자신의 마음을 보호하라. 마음은 우리의 가장 위대한 자산이다. 어떤 것이 우리 마음속에 들어와 퍼지도록 허락할지를 현명하게 구별해야 하는 이유가 이것이다.

한편 세상에는 타인을 괴롭히는 사람들이 있다. 그들은 본능적으로 타인의 인식을 마음속 두려움의 영역으로 계속해서 데려가 그 사람이 그 감정을 느끼게 하는 일을 즐긴다. 그들은 자신도 모르는 사이 피해자의 마음속에 두려움을 향해 잘 닦인 길을 만들어나가고 있다.

그런 이들 중 가장 나쁜 유형은 아이들을 괴롭히는 이들이다. 아이의 마음은 외부의 영향을 쉽게 받고, 그렇기에 그런 행동을 반복하면 아이의 마음속에 평생 지속될 패턴이 만들어진다는 사실을 그들은 모른다. 이 두려움의 패턴은 아이의 의사결정에 영향을 주고 아이가 삶을 살아가는 방식도 변화시킨다. 그 파렴치한 자들은 온갖 저조한 감정으로 아이를 내몰고, 아이가 본성에 휘둘리게끔 내버려 둔다. 이러한 괴롭힘은 아이에게 할 수 있는 최악의 행동이다. 그렇기에 주변 사람들의 성장을 돕는 첫 번째 단계 중 하나는 삶의 두려움에서 벗어나게 해주는 것이다.

지금까지의 이야기를 요약해보자. 인식이 미래로 가서 두려움을 유발하는 상황을 마음속에 만들 때마다, 의지력을 이용해 그것을 현재로 되돌리고 집중력을 이용해 지금 이 순간에 붙들어 두라. 무슨 일이 있어도 인식이 그 상황을 반복적으로 재현해 두려움을 가중시키게끔 내버려 두지 말라. 마음속에 보이는 두려움이 실현될 가능성이 높다면 그런 일이 절대로 일어나지 않도록 해결책을 찾으라. 필요하다면 도움을 구하라.

스승님이 어린 시절 그랬던 것처럼 스스로에게 이렇게 단언하라. "난 지금 괜찮아!"

LESSON · 4

불안과 스트레스 극복

지금까지 걱정과 두려움을 살펴보았다. 이제 똑같이 노련한 솜씨로 많은 사람들의 에너지와 마음의 평화를 약탈하는 나머지 두 부대, 즉 불안과 스트레스에 대해 알아보자.

불안에 대한 메리엄웹스터 사전의 정의는 '대개 임박하거나 예상되는 문제에 대한 근심 또는 초조함', 옥스퍼드 사전의 정의는 '안 좋은 일이 일어날까봐 긴장하거나 걱정하는 상태'다. 이 두 정의에 따르면 결국 불안은 미래에 일어날 어떤 일을 걱정한다는 뜻이다.

여기서 살펴볼 것은 '임박하거나 예상되는 문제'라는 부분이다. 인식이 현재를 떠나 미래로 향해 부정적인 결과를 마음속에 만든 다음 현재로 돌아와 방금 만든 일을 걱정하는 것, 이것이 '예상되는 문제를 걱정하는 것'에 해당한다. 그리고 인식이 이 과정을 되풀이하며 마음속에 다양한 종류의 부정적 결과를 만들수록 우리는 나쁜 일이 일어날까 봐 점점 더 속을 태우며 걱정하게 된다. 이 과정이 계속되면 우리는 불안한 상태로 삶을 살아간다. 다시 말해, 걱정하는 상태의 지속은 불안이 생겨나는 방식 중 하나라 할 수 있다.

그런가 하면 불안은 완료되지 않은 일 사이를 통제되지 않은 방식으로 인식이 돌아다니게끔 허락할 때 생겨나기도 한다. 당신이 네 가지 프로젝트를 수행해야 하는 상황을 상상해보자. A 프로젝트를 수행하기 시작한 지 5분 뒤에 당신의 인식은 B 프로젝트로 향한다. 그 짧은 순간, 어제가 지급 마감일이었는데 아직도 대금을 거래처에 보내지 않았다는 사실을 알게 된다. 당신은 한숨을 내쉬며 A 프로젝트를 끝마치면 이 일을 처리해야겠다고 다짐한다. 이제 당신의 인식은 A 프로젝트로 되돌아간다.

몇 분이 지나자 인식은 다시 그곳을 벗어나 이번엔 C 프로젝트로 이동한다. 인식이 거기에 있는 동안 당신은 이 프로젝트에 대한 예산 승인을 재무이사로부터 받지 못했다는 사실을 깨닫는다. "이사님에게 확인해봐야겠어." 인식은 짜증이 난 채 A 프로젝트로 되돌아가고, 주변을 떠돌기 전에 무엇을 하고 있었는지 찾기 위해 필사적으로 노력한다. 불만에 찬 인식은 A 프로젝트에 거의 집중하지 못하고, 그러다 D 프로젝트로 이동해 새로운 고객과의 계약서에 서명하지 않았다는 사실을 깨닫는다. "이런!" 당신은 외마디 탄식을 내뱉으며 고객이 너무 화내지 않기를 기도한다.

인식이 이처럼 마음속에서 완료되지 않은 일들을 잇따라 들추면 우리는 해야 할 일에 대한 부담을 느끼고, 주어진 시간 안에 모든 일을 끝낼 수 있을지 의문을 품는다. 이 불확실한 결과를 두고 걱정, 초조, 근심의 감정이 밀려든다. 불안이 존재감을 드러내는 것이다.

이런 상황을 해결하는 방법은 인식을 한 번에 하나의 프로젝트에 유지하는 것이다. 인식이 다른 곳으로 향하면 그것을 다시 원래 위치로 데려오라. A 프로젝트를 수행하는 도중 B 프로젝트에 대한 아이디어가 떠오른다면 그것을 일단 메모해 두고 다시 A 프로젝트로 돌아가라. 그리고 다른 프로젝트로 인식을 이동시키겠다고 선택할 때까지 A 프로젝트에 집중하라.

해야 할 일을 반복해서 생각하는 것은 그 일을 끝내는 데 아무 도움도 되지 않는다. 반복되는 생각은 오히려 불안의 싹을 틔운다. 인식은 완료되지 않은 일을 들추는 순환을 되풀이하며 불안감을 가중시키고, 불안한 상태가 지속되면 스트레스로 이어진다.

이번에는 스트레스에 대한 정의들을 살펴보자. 영국의 정신건강재단Mental Health Foundation에 따르면 스트레스는 '정신적 또는 감정적 압박에 압도되거나 그것을 감당할 수 없는 느낌'이고, 브리태니커 사전에 따르면 '강한 걱정이나 불안감을 일으키는 것'이다. 스트레스의 수준은 곧 자신이 인식을 얼마나 통제하지 못하는지를 보여주는 지표다.

불안과 스트레스의 극복에 중요한 것은 인식의 어떤 행동이 불안을 유발하는지 이해하는 것이다.

나는 항상 사물을 이해하는 데 매우 집중한다. 어떤 것의 작동 원리를 이해하고 나면 그것을 통제할 수 있기 때문이다. 사람들이 자신의 불안을 통제하지 못하는 것은 대개 인식과 마음의 역학, 불안을 유발하는 인식의 패턴을 이해하지 못하기 때문이다. 그렇기에 불안이 생겨나는 과정의 역학을 이해하면 불안이 일어나는 때를 알아차리고 불안의 방어에 필요한 일을 할 수 있다.

앞서 살펴봤듯, 불안은 아직 완료되지 않은 일 사이를 인식이 통제되지 않은 방식으로 돌아다닐 때 싹튼다. 하지만 인식이 그런 방식으로 여러 생각 사이를 옮겨 다닐 때도 불안은 생겨날 수 있다.

한 여성이 앉아서 이렇게 생각한다. '결혼할 사람을 영영 만나지 못하면 어떡하지? 그럼 난 평생 혼자일 거야.' 잠시 후 그녀의 생각은 이렇게 흘러간다. '그런 사람을 만나지 못한 건 아마 내가 그리 예쁘지 않아서일 거야.' 30분이 지나자 그녀는 이렇게 생각한다. '내가 약간 통통한 편이긴 하지. 그래서 남자들이 나를 매력적으로 느끼지 않는 거야.' 그녀의 생각은 매일 이런 식으로 이어지며 흘러간다.

불안의 정의 중 하나를 다시 기억해보자. 불안은 '안 좋은 일이 일어날까봐 긴장하거나 걱정하는 상태'다. 이 여성이 걱정하는 '안 좋은 일'은 평생 혼자가 되는 것이고, 그래서 그녀는 그런 상황을 상상할수록 점점 더 불안해진다. 하지만 우리가 이해해야 할 핵심은 '인식과 마음의 관점에서 어떤 행동이 불안을 유발했는가'다. 그녀의 불안감은 그녀가 통제되지 않은 방식으로 자신의 인식이 한 생각에서 다른 생각으로 옮겨 다니게끔 반복적으로 허락한 과정의 결과다.

여기 한 소년이 있다. 소년은 인스타그램에 무언가를 게시하고 얼마나 많은 사람이 그걸 좋아하는지 확인하기 위해 1분마다 피드를 새로고침한다. 하지만 그 게시물은 자신이 기대한 수만큼의 '좋아요'를 받지 못하고 있다. 인식을 통제하는 데 소년이 익숙하지 않은 탓에, 그의 인식은 마음속에서 비이성적으로 날뛰기 시작한다. 그러는 동안 불안이 마음속에 쌓여, 소년은 결국 그 게시물이 별로였다고 결론짓고 피드에서 삭제하기로 결정하는 티핑 포인트tipping point(어떤 현상이 아주 미미하게 진행되다가 갑자기 극적인 상황 변화를 일으키는 시점을 이르는 말—옮긴이)에 다다른다. 그는 비이성적 사고를 이용해 결정을 내렸는데, 이는 인식을 통제하지 못하고 여러 생각 사이를 배회하게끔 허락한 결과다.

각 상황에서 일어난 불안에는 그 나름의 근원이 있다. 원인은 무궁무진하다. 그런데 이번 레슨의 목적은 **오로지 인식 및 마음과 관련해 불안과 스트레스가 생기는 원인을 이해하는 것**이다.

산만한 마음은 불안한 마음과 같다. 인식의 통제가 불가능하면 인식이 마음속에서 향하는 방향을 통제할 수 없고, 그 방향의 통제가 불가능하면 생각도 통제할 수 없다. 앞서 이야기한 두 예는 분명히 그런 경우에 해당한다. 그러나 인식이 마음속에서 향하는 방향을 통제할 수 있다면 결과적으로 생각도 통제할 수 있다. 스스로에 해로운 방식으로 생각하고 있는 자신을 발견하면 인식을 통제해 마음속 다른 영역으로 이동하는 식으로 말이다. 인식을 통제하는 능력은 걱정이나 긴장, 근심에 이르는 생각을 반복하지 않도록 막아줄 것이다.

나는 데바 스승님으로부터 이 가르침을 받은 뒤 인식과 마음을 이해하게 되었고, 그 이후부터는 불안과 스트레스를 겪지 않는다. 인식의 어떤 행동이 불안으로 이어지는지 알기 때문이다. 나는 나의 인식이 그런 방식으로 행동하기 시작하는 것을 알아차리는 즉시 그 행동을 바로잡는다.

물론 진행 중인 프로젝트의 수에 종종 압박감을 느낄 때도 있지만, 그럼에도 불안이나 스트레스는 느끼지 않는다. '압박감'을 느낀다는 것은 자신이 할 수 있는 정도보다 더 많은 일을 주어진 시간 내에 해야 할 가능성이 있다는 사실을 깨닫는 것이다. 그러나 이때에도 내 인식은 여전히 나의 통제하에 있다. 통제되지 않은 방식으로 여러 프로젝트 사이를 오가며 불안감과 스트레스를 유발하진 않는다는 뜻이다. 압박감을 느끼는 것과 스트레스를 받는 것의 차이를 보다 자세히 설명하기 위해 예를 하나 들겠다.

세계 최고의 농구 선수 중 한 명이 지금 자유투를 던지려 한다. NBA 챔피언 결정전이 종료되기 3초 전이다. 극도로 집중한 그는 압박감을 느끼지만 그 상황에 스트레스를 받진 않는다. 이때 **압박감**은 그가 자신의 팀과 전 세계 팬들, 경기를 지켜보는 모든 사람들의 기대를 느끼고 있음을 의미하지만, 지금 그는 자신의 인식을 완전히 통제하고 있다. 그는 깊은 집중력을 통해 인식을 당장 눈앞에 있는 일에 고정한 채 자신이 가장 잘하는 일, 즉 공을 골대에 넣는 일을 수행한다.

스트레스는 그가 인식에 대한 통제력을 잃어가고 있거나 이미 잃었음을 의미한다. 자유투 라인에 서서 슛을 던지려는 순간 그의 인식은 사방으로 흩어진다. 인식은 미래로 이동해 자신이 슛을 성공하고 팀원과 팬들의 영웅이 되는 장면을 본다. 그리고 그 장면이 끝나자마자 반대편 극단으로 이동해, 슛을 놓친 뒤 경기 종료를 알리는 휘슬 소리가 울려 퍼지고 이튿날 자신이 언론의 질타를 받는 장면을 본다. 불과 몇 초 안에 그의 머릿속에선 이보다 더 많은 일이 벌어진다. 그렇게 인식을 거의 통제하지 못하는 상태에서 그는 공을 던진다. 그 결과는 굳이 말하지 않아도 여러분 모두가 예상할 수 있을 것이다.

그러니 불안을 경험한다면 마음속에서 인식에게 무슨 일이 일어나고 있는지, 인식이 무엇을 할 때 자신을 불안한 상태로 몰아넣는지 관찰해보라. 그리고 깊은 집중력으로 마음속에서 인식을 통제하고 한 번에 한 가지 일에 붙들어 두라. 그 능력이 바로 불안과 스트레스를 없애는 열쇠이자 걱정과 두려움을 해결하는 치료제다.

CHAPTER 9

마음 상태 조정하기

당신이 하는 거의 모든 일이 사소하다.
하지만 당신이 그것을 한다는 것이 중요하다.
– 마하트마 간디

내 반응을 통제하는 법

그날 나는 지쳐 있었다. 내 영적 모험에 데려간 사람들과 인도를 여행하던 가운데 보낸 길고 힘든 하루였다. 해가 막 질무렵, 우리가 타고 있던 기차는 여행 일정에서의 다음 도시에 막 도착했다. 기차 안에서 밖을 바라보는 것보다 인도를 구경하는 더 좋은 방법은 없다. 우리가 방금 경험한 만화경 같은 풍경은 추억의 한 페이지를 장식했다.

하지만 내겐 그 풍경을 감상할 새가 없었다. 나는 무질서하게 객차 안으로 밀려드는 승객들 사이에서 내 일행들에게 서둘러 기차에서 내리라고 재촉했다. 하지만 내 목소리는 기차 안에 뒤섞인 갖가지 소리에 묻혀버렸다. 일행은 짐을 챙겨 가까스로 기차에서 내렸다. 플랫폼 위로 쏟아져 나온 우리는 마치 다른 세상에 떨어진 듯한 대혼란에 빠졌다. 우리가 마주한 것은 보통의 인도 기차역 풍경이었다. 어수선한 소음, 광경, 냄새가 내뿜는 이질적인 자극이 우리의 감각을 마구 공격했다.

우리는 먼지 쌓인 좁은 골목을 따라 상점과 집이 즐비한 이 매력적인 구시가에서 머물 계획이었다. 그곳에는 열여덟 명의 영적 탐구자 무리를 모두 태울 만큼 큰 관광버스가 없었기에, 우리는 역을 나와 삼륜 택시를 타고 호텔까지 이동하기로 했다.

우리는 대형 여행용 캐리어를 끌고 플랫폼을 따라 요리조리 움직이면서 현지 여행객들을 헤치고 걸었다. 그곳에서 우리는 소행성 충돌을 대비해 짐을 꾸린 듯 보이는 유일한 이들이었다. 걷고 걸은 끝에 마침내 역 밖으로 나와 주차장으로 들어갔다. 덥고 진땀나는 경험이었다.

주차장에는 삼륜 택시들이 나란히 늘어서 있어 따로 기사를 부를 필요가 없었다. 기사들은 순식간에 우리를 에워싸더니 저마다 요금을 제안하기 시작했다. 그중엔 이미 우리의 짐을 들어다가 자신의 차에 실은 기사도 있었다.

혼란이 몇 분간 이어진 끝에 협상이 이루어졌고 캐리어들, 그리고 정신없는 여행객들은 바퀴 세 개가 달린 금속 우리에 실렸다. 휩쓸리듯 여러 차에 나누어 올라탄 우리는 도로 위의 차량, 사람, 가축 사이를 이리저리 누비면서 신을 향한 믿음을 되새길 수 있었다.

얼마 지나지 않아 호텔에 도착했다. 지친 일행들은 비틀거리며 차에서 내려 호텔로 들어갔고, 나는 뒤에 남아 캐리어들을 모두 내렸는지 확인하고 각 기사들에게 차례로 요금을 지불했다. 그런데 마지막 삼륜 택시 기사에게 다가가 요금을 지불하려 할 때, 그는 애초의 협상과 달리 두 배 많은 돈을 불렀다. 내가 이유를 묻자 기사는 자신이 짐을 더 많이 싣고 왔기 때문이라고 대답했다. 나는 그 말이 사실이 아니고, 그가 그저 돈을 더 받아내려 사기를 치고 있음을 눈치챘기 때문에 안 된다고 말했다. 그러자 그는 차에서 내리더니 꼿꼿이 버티고 서서 두 배의 요금을 지불하라고 고집을 부렸다. 그의 회색 민소매 티셔츠는 흥건하게 젖어 있었고 둥근 팔뚝을 따라 땀줄기가 흘러내렸다.

나는 무너졌다. 인식을 붙잡고 있던 마지막 한 가닥의 의지력이 손을 놓아버린 것이다. 그 결과 내 빛 덩어리는 마음속 분노의 영역으로 튕겨 들어갔고, 그것을 알아채기도 전에 나는 이렇게 쏘아붙였다.

"빌어먹을 1루피도 더 안 낼 거요!"

내 말은 그의 인식을 내가 있는 분노의 영역으로 내던지기에 충분했다. 기사는 갑자기 분개하며 내게 소리쳤다.

"수작 부리지 말고 지금 당장 돈 내놔!"

그의 침방울이 내 몸으로 튀었다.

아마 그는 내게서 돈을 좀 더 받아 일찍 퇴근할 궁리를 했던 모양이다. 하지만 나는 그가 일의 원칙을 지키지 않은 것에 화가 났다. 분명 서로 요금에 합의한 뒤 출발했는데 내게 바가지를 씌우려 했으니 말이다. 때는 인도에서 여름의 절정인 4월이었고, 덥고 습하며 먼지 많은 날씨 탓에 우리 둘은 모두 확실히 지치고 예민해져 있었다. 폭발할 순간을 기다리는 두 개의 화약통처럼 무절제한 반응을 터뜨리기에 완벽한 조건인 셈이었다.

뼛속까지 뉴요커인 내 아내는 무슨 일이 일어나고 있는지 멀리서 지켜보다가 조심스레 나서더니 차분하게 상황을 진정시켰다. 솔직히 말해 그때 아내가 어떻게 했는지, 무슨 말을 했는지는 잘 기억나지 않는다. 내가 기억할 수 있는 것은 그 기사가 돈을 받았고, 그와 내가 서로 반대 방향을 향해 걸어갔다는 것뿐이다.

그날 밤 늦게 호텔 방에 들어가 마침내 혼자만의 시간을 가지자 그제야 실망감이 물밀듯 나를 덮쳤다. 나는 침대 가장자리에 앉아 그 시간을 되돌아봤고, 차갑고 딱딱한 대리석 바닥을 응시하며 속으로 생각했다. '내 인식에 대한 통제력을 잃었어' 그 순간 스승님은 분노를 일시적인 정신 이상 상태로 정의했다는 사실이 떠올랐다.

'스승님 말씀이 역시 진리였네.'

그날 내가 방문했던 마음속 분노라는 영역에는 이성이 존재하지 않았다. 때문에 그곳에서는 현재 일어나고 있는 일에 대해 깊이 생각할 수 없었고, 순전히 본능적이며 통제되지 않은 반응만이 잠시도 멈출 겨를 없이 순식간에 일어나버렸다.

침대에 앉아 생각하는 동안 나는 마음속에서 인식을 통제하기 위해 수십 년 동안 해왔던 노력이 전부 헛수고로 돌아가는 것만 같았다. 사실 그것이 내 인생의 첫 실패는 아니었다. 오히려 실패는 내게 먼 개념이 아닌 친구에 가까웠다. 나는 삼륜 택시 기사에게 그렇게 반응했던 것을 후회했고, 내가 그에게 한 말보다 내 인식을 통제하지 못했다는 사실에 더 크게 실망했다. 그가 관광객과 실랑이를 벌인 것이 처음은 아니었을 텐데 말이다.

뉴욕에 살았던 몇 년 동안 나는 그 어떤 일에도, 혹은 그 누구에게도 화를 낸 적이 없었다. 그 도시가 나를 어떤 상황으로 몰아넣어도 나는 인식을 단단히 쥐고 있었고, 그건 그동안 내가 여행한 세계 어느 곳에서도 마찬가지였다. 그런데 인도는 내가 넘지 못한 마지막 관문이었다. 어째서 나는 이곳을 여행할 때마다 인식을 통제하지 못하고 무절제한 반응을 보이는 건지 알 수 없었다.

그리고 그것으로 분명해졌다. 인도는 이제 내 훈련장이 되었다는 사실이 말이다. 나는 매년 그곳에 가서 나 자신을 시험해보기로 결심했다. 목표는 그곳을 떠날 때까지 인식에 대한 통제권을 한 번도 잃지 않는 것이었다. 나의 인도 도전기는 그렇게 시작되었다.

이후 나는 매년 인도로 가서 인식에 대한 통제권을 잃지 않기 위한 훈련을 했다. 그리고 3년 뒤, 즉 도전을 시작하고 세 번째로 인도를 방문했을 때에야 그 목표를 이룰 수 있었다. 나는 작은 성취감을 느꼈다. 하지만 한 번의 승리로는 충분하지 않다는 것 또한 알고 있었다. 나는 다음 방문에서도 같은 성공을 반복해야 했고, 그래서 매년 인도를 방문해 나 자신을 시험했다. 그 뒤로 지금까지 이어진 그 어느 인도 방문에서도 내 인식에 대한 통제권을 잃은 순간은 없었다고 말할 수 있어 뿌듯하다.

수도원 생활 초기, 어떤 상황이나 경험에 대한 스스로의 반응을 통제하지 못했다는 사실을 내가 얼마나 자주 후회했는지 모른다. 다른 사람의 말에 화를 낸다든가, 하지 말았어야 하는 말을 한다든가 하는 등의 반응이 끌어오는 여파를 견디기가 힘들었다. 그 여파는 내 무절제한 반응의 결과로 내가 느끼거나 혹은 다른 사람이 느꼈을 감정이었다. 나는 불편하고 불쾌했던 그 감정을 간절히 바꾸고 싶어 인식과 마음을 이해하는 데 더 많은 노력을 쏟았고, 그러면서부터 삶에 반응하는 방식을 더 잘 관리할 수 있게 되었다.

메리엄웹스터 사전에 명시된 '반응'의 정의 중 하나는 '어떠한 대우, 상황, 자극에 대한 대응'이다. 이 내용을 염두에 두고 인식과 마음의 개념을 접목해 '반응'이란 말을 다시 정의해보자. 어떤 상황을 겪거나 특정한 방식으로 대우받은 결과로 인식이 마음속에서 향하는 방향을 통제하는 것이 불가능해질 때, 나는 그 상황 또는 대우에 무절제한 대응을 보인다. 이때 나는 반응을 보인다고 말할 수 있다.

리본에 묶인 헬륨 풍선을 들고 축제를 돌아다니고 있는 여러분을 상상해보라. 갑자기 여러분 눈앞에는 커다란 통의 옆면에 올라타 익살맞은 모습으로 저글링하고 있는 광대가 등장한다. 그 광경을 보고 웃음이 나오는 순간, 여러분은 자신이 잡고 있던 리본을 살짝 놓쳤음을 알아차린다. 그 탓에 풍선은 떠오르기 시작했지만, 여러분은 재빨리 줄을 잡고 풍선을 다시 아래로 당긴다.

반응은 이때의 풍선과 다르지 않다. 하루를 보내던 중 어떤 경험 때문에 꽉 쥐고 있던 인식이 마음속 분노의 영역으로 향하는 상황을 가정해보자. 이 상황을 알아채면 떠오르는 풍선을 잡을 때처럼 재빨리 손을 뻗어, 멀어지는 인식을 붙잡아 제자리에 되돌려 놓아야 한다. 그렇게 하지 않으면 인식은 마음속 분노의 영역으로 가서 반응을 일으킬 것이다. 이때 일어나는 반응은 화를 속으로 표현하는 등의 정신적 반응일 수도, 격분하여 소리를 지르는 등의 언어적 반응일 수도, 혹은 난폭하게 주변에 주먹을 휘두르는 등의 신체적 반응일 수도 있다.

이러한 반응은 외부 또는 내부 원인 탓에 인식이 마음속 특정 영역에 이끌리면서 초래된 무절제한 대응에 해당한다. 외부 원인은 주변 환경(자기 주변을 둘러싼 사람 및 사물)을 말한다. 내부 원인의 예로는 잠재의식 속의 미해결된 감정적 경험을 들 수 있다. 가령 어린 시절 겪은 충격적인 경험을 떠올리면 인식은 마음속 슬픔의 영역으로 이끌리고, 그에 따라 눈물이 흐르는 등의 반응이 나타난다.

지금까지 부정적인 반응을 예로 들었지만, 사실 반응엔 긍정적인 것도 존재한다. 그리고 그런 반응도 후회스러워지는 때가 있다.

한 회사의 고위 임원이 사내 연례행사에 참석했다. 회사가 최근 달성한 성공을 축하하면서 너무 흥분한 탓에 그는 인식에 대한 통제력을 잃고, 그 결과 절대 공유해선 안 되는 회사 정보를 팀 전체에 누설하고 만다. 이는 후회스러운 반응이다. '흥분을 열정으로 대체하라'라는 명언을 들어본 적이 있는가? 이때의 흥분은 통제되지 않은 에너지(인식), 열정은 통제된 에너지(인식)에 해당한다.

마음속에서 인식을 통제하는 능력은 우리가 자신의 반응을 얼마나 통제하는지, 또 삶의 경험에 어떻게 대응하는지를 결정한다. 나의 인식을 더 잘 통제할수록 나는 내 반응을 더 잘 통제할 수 있고, 내 마음 상태를 결정하는 데 더 많은 영향력을 행사할 수 있다.

말을 통제해야 하는 이유

마음과 입을 연결하는 고속도로에 신호등을 설치한다면 이는 우리 모두에게 도움이 될 것이다. 우리가 자유롭게 말해야 할 때, 말하기 전에 생각해야 할 때, 그저 입을 다물고 있어야 할 때는 각각 언제인지 그 신호등이 가르쳐줄 테니 말이다. 말을 통제하는 일은 반응을 관리하는 일과 깊이 연관되어 있다.

말을 통제하지 못한다는 것은 자신의 상태에 대한 많은 사실을 드러낸다. 어수선함, 혼란스러움, 잠재의식적 상태, 명확성 부족, 인식에 대한 통제력 부족 등이 그 예다. 누군가 입을 여는 순간은 곧 모두가 그 사람의 마음속을 들여다볼 수 있는 창이 만들어지는 순간이다. 그가 무엇을 말하고 말하지 않는지를 통해 우리는 그 사람에 대한 많은 것을 알 수 있다.

자신의 말을 통제하는 데 어려움을 겪는 이들은 많다. 통제되지 않은 말은 종종 상황이 복잡해지거나 감정이 격앙되는 결과를 초래하기에, 그런 이들은 자신이 내뱉은 말을 후회하고 그것을 도로 주워 담을 수 있기를 바란다. 우리가 무절제한 말을 내뱉는 이유는 자신이 반응을 통제하지 못하기 때문이다. 그리고 이는 인식이 마음속에서 향하는 방향을 통제하지 못한 결과다.

어느 행사에 참석했을 때의 일이다. 한 사람이 내게 다가오더니 내가 걸치고 있는 숄이 정말 별로라고 말했다. 그의 말에는 내 인식을 마음속 속상함의 영역으로 이동시킬 수 있는 힘이 잠재되어 있었다. 내가 그렇게 되도록 내버려둔다면 말이다. 하지만 인식에 대한 통제력을 이용하면 나는 그 순간에 내 인식을 어디로 이동시킬지를 선택할 수 있다. 만약 그의 말을 듣자마자 의지력과 집중력을 이용해 내 인식을 긍정의 영역으로 이동시키고자 한다면, 나는 그 말에 긍정적으로 대응할 것이다. 그러나 **그의 말에 잠재된 감정의 힘**이 내 인식을 마음속 분노의 영역으로 보내게끔 허락한다면, 나는 부정적 대응을 보일 것이다.

무절제한 말을 내뱉는 가장 흔한 이유는 자신에게 그리고 주변에서 일어나는 일에 반응하기 때문이다. 하지만 인식을 통제할 수 있다면 가장 적절한 대응을 보이기 위해 인식을 어디로 이동시킬지 결정하거나 또는 그 일에 아예 대응하지 않는 편을 선택할 수 있다.

한 가지 유의해야 할 것이 있다. 말을 통제하는 것과 표현의 자유를 억제하는 것을 혼동해선 안 된다는 게 그것이다. '말의 통제'는 말하는 내용과 때를 현명하게 선택하는 능력으로, 말을 현명하게 고르고 적절한 시기에 전달하는 것이 핵심이다. 말을 통제하는 능력이란 곧 어떤 말이 가져올 결과와 이후의 상황을 미리 아는 능력이기도 하다.

여기서 곰곰이 한번 생각해봐야 할 부분이 있다. 자신의 인식을 충분히 통제하지 못하는 사람으로 여러분을 가정해보자. 누군가 무슨 말을 했고 그 속에 담긴 감정이 분노의 주파수로 진동한다면 그의 말은 여러분의 인식을 마음속 분노의 영역으로 데려갈 것이다. 그의 감정적인 말은 여러분의 인식을 같은 감정으로 채우고(에너지는 전달될 수 있다), 그 감정과 똑같이 진동하는 마음속 공간으로 데려간다. 감성적 에너지로 가득한 사랑 노래가 여러분을 마음속 사랑의 영역으로 데려가는 것도 이와 동일한 방식으로 이뤄진다. 그 결과 여러분은 그 노래를 들을 때 그 가수가 전달하고자 하는 감정을 느낀다.

감정에는 인식을 지배하는 엄청난 힘이 있다. 말에 내재된 감정은 인식을 그 감정의 주파수로 진동하는 마음속 영역으로 이동시킨다. 그렇기에 어떤 말에 반응하지 않으려면, 자신에게 다가오는 감정의 힘보다 의지의 힘이 더 커야 한다.

내가 인도 삼륜 택시 기사에게 했던 말에는 분노의 감정이 가득했다. 내 말에 담긴 감정은 그의 인식에 에너지를 전달해 내 감정과 같이 분노의 주파수로 진동하게 만들었다. 그러자 그의 인식은 마음속 분노의 영역으로 이동했다.

자신이 말을 통제하는 데 진전을 이루고 있는지는 어떻

게 알 수 있을까? 자기가 한 말이 부정적 감정을 일으키기보다 긍정적인 결과를 불러오는 경우가 점차 많아진다면 이는 말을 통제하는 능력이 향상되고 있다는 확실한 신호다. 또한 말을 통제하는 일에 점점 익숙해진다는 것은 마음속에서 인식을 통제하는 데 진전을 이루고 있다는 뜻이기도 하다.

마음속 논쟁 끝내기

사람들은 셀 수 없이 많은 마음속 논쟁에 빠져 시간과 에너지를 낭비하고 마음의 평화를 빼앗긴다. 마음속 논쟁은 대개 우리가 타인과의 문제를 마음속에서 계속해서 해결하려 들 때 일어나는 것으로, 이는 줍고 깊은 삶을 방해하는 요소 중 하나다.

그러한 마음속 논쟁을 해결하는 방법은 이번 레슨에서 다뤄지지 않는다. 대신 인식을 통제하는 능력이 끊임없는 마음속 논쟁으로 괴로워하는 이들을 어떻게 자유롭게 해주는지에 대해 알아볼 것이다.

마음속 논쟁은 보통 누군가를 오해하는 경우에 비롯된다. 만약 해결되지 않으면 이 문제는 우리의 잠재의식 속에 자리 잡고, 이후 인식이 이 문제를 다룰 때마다 우리는 마음속에서 그 논쟁을 되풀이하게 된다. 해결되지 않은 경험은 그 안에 담긴 감정이 많을수록 인식을 더 강하게 끌어당긴다.

해결되지 않은 경험에 인식이 이끌릴 때마다 우리는 그 경험의 전체 또는 일부를 마음속에서 재현한다. 그리고 그렇게 당시의 모든 감정을 거치면서 우리는 그 감정에 다시 반응하게 된다.

감정에 반응할 때는 종종 마음속 논쟁에 돌입해 상대와 심한 말을 주고받는 상상을 하게 된다. 상대에게 말로 공격하고 상대가 그 말에 반응하는 모습을 머릿속으로 그린다. 머릿속에서 또다시 상대를 화나게 한 것이다. 당신은 상대가 더 심한 욕설로 대응하는 걸 본다. 그러고는 방금 그가 한 말, 즉 상상 속에서 그를 대신해 당신이 스스로에게 했던 말에 충격을 받는다. 이런 상황은 그 논쟁이 계속 이어짐에 따라 점차 고조된다.

시간이 흐를수록 당신은 이 논쟁으로 인해 점점 더 큰 흥분에 휩싸인다. 그리고 5분 뒤엔 상대가 재수 없게 구는 것에 격노한다. 분노가 끓어오르지만 당신은 억지로 인식을 그 미해결된 감정적 경험으로부터 떼어놓고, 마음속 논쟁에 빠지기 전에 하던 일로 되돌아간다.

하지만 10분도 지나지 않아 인식은 이 머릿속 전쟁터로 다시 이끌려 온다. 그로 인해 또 다른 신랄한 비난이 뒤따르고, 당신의 가엾은 몸과 마음은 감정의 사이클을 또 한 번 겪는다. 이 고통스러운 정신적 경험은 하루 종일 반복되는데, 어떤 이들은 마음속 전투가 계속되는 동안 밤에 잠자리에 누워서도 잠을 이루지 못하기도 한다.

여기서 우리가 깨달아야 할 중요한 사실이 있다. 이러한 마음속 논쟁의 전체 과정에서 머릿속으로 양쪽을 대표해 말하고 있는 사람은 바로 **자기 자신**이라는 것, 즉 자기 혼자 열띤 논쟁을 벌이고 있다는 것이다.

잠재의식에 존재하는 미해결된 감정적 경험은 인식이 등장하기만을 기다리는 지뢰와도 같다. 그 경험들을 극복하는 열쇠는 문제를 해결하는 것이다. 사실 말은 쉽지만 실제로 그것을 행하는 건 경험의 강도와 딸린 감정에 따라 훨씬 더 어려운 일일 수 있다.

마음속 논쟁을 피하는 데 도움이 되는 한 가지 방법은 바로 마음속 인식을 통제하는 법을 배우는 것이다. 그 일이 가능해지면 우리는 미해결된 감정적 경험을 언제 다룰 것인지를 선택할 수 있다. 다음의 예를 통해 이를 좀 더 살펴보자.

직장 동료가 회의에서 당신을 화나게 하는 말을 한다. 당신은 화가 나서 당신 자리로 돌아갔지만, 이메일 수신함을 열어 업무에 착수한다. 몇 분이 지나자 인식은 회의에서 당신을 화나게 했던 그 경험으로 이끌린다. 인식이 그 경험에 얽혀들자 당신은 당시를 상기하며 그때의 감정을 다시 느끼고 그것에 반응한다.

만약 인식을 충분히 통제할 수 있는 사람이라면 이런 상황에서 어떻게 할까? 우선 이메일 수신함을 떠나 잠재의식 속의 미해결된 감정적 경험으로 향하는 인식을 알아채고 그것을 붙잡을 것이다. 이어 그것을 원래 하고 있던 일로 되돌려 놓거나 마음속 다른 영역으로 이동시킬 테고 말이다. 이런 방식으로 인식을 통제할 수 있다면 우리는 다음과 같은 몇 가지 사실을 알 수 있다.

1. 인식과 마음은 분명히 다른 별개의 대상이란 사실을 확실히 이해하고 있다.

2. 문제는 잠재의식의 영역에 존재한다. 인식이 그 영역으로 이동할 것인가의 여부는 우리의 선택에 달려 있다.

3. 의지력이 충분하다면 자신이 원하는 어느 영역으로든 인식을 보내고, 집중력을 이용해 그것을 자신이 머물고 싶은 영역에 둘 수 있다.

이 책을 읽는 여러분 중 누군가는 마치 내가 문제를 인정하지 않거나 문제가 존재하지 않는 것처럼 군다고 생각할 수도 있다. 하지만 내가 전달하려는 바는 그런 것이 전혀 아니다. 문제는 분명히 존재한다. 그리고 그것을 해결하는 첫 번째 단계는 그 존재를 인정하는 것이다. 내가 여기서 말하려는 사실은, 우리는 언제 자신의 인식을 문제가 머무는 마음속 영역으로 이동시켜 그것을 다루고 해결할지 선택할 수 있다는 것이다.

이 선택권이 갖는 힘은 매우 강하지만, 그걸 갖고 있는 이는 소수에 불과하다. 그러나 자신의 인식과 마음을 확실히 이해하고 인식을 충분히 통제할 수 있는 능력을 기른다면 누구든 이 선택권을 손에 넣을 수 있다. 그리고 이 선택권이 있을 때 우리는 다음과 같이 생각할 수 있다.

'나는 내 잠재의식에 해결되지 않은 문제가 있음을 알아. 하지만 내 인식이 지금 그곳으로 향하게 두지 않을 거야. 오후 2시부터는 쉬는 시간이니 그때 조용히 앉아 있을 만한 장소를 찾아서 인식을 그 문제로 옮긴 다음 해결책을 고민해야겠어. 그 시간이 되기 전까진 의지력을 이용해 인식을 내가 선택한 마음속 영역에 단단히 붙들고 있어야지.'

이런 생각은 인식이 하루 종일 문제를 향해 반복적으로 이끌리게끔 허락하는 것과는 매우 다르다. 그런 행위는 정신적, 감정적으로 매우 고될 뿐 아니라 엄청난 에너지와 시간을 낭비하게 만든다. 인식이 문제를 향해 반복적으로 이끌리는 경험은 우리의 마음과 몸, 신경계에 매우 해로운 영향을 미친다. 자기 주변의 모든 사람들 및 업무 수행에 미치는 영향은 말할 것도 없다.

인식을 통제하고, 정확히 언제 문제를 다룰 것인지 선택할 수 있다면 마음이 얼마나 평안해질지 상상해보라. 이 상태는 해결되지 않은 문제와 회의를 하는 것과 같다. 그리고 회의는 시간과 장소, 목적이 미리 정해져 있을 때 보다 잘 진행된다.

해결되지 않은 문제와 회의를 가질 시간과 장소를 정하라. 그 시간이 다가올 때까지 의지력과 집중력을 이용해 인식을 대상에 붙들어 두라. 인식이 잠재의식 속의 미해결된 감정적 문제로 이끌리고 있음을 감지할 때마다 인식을 원래의 대상으로 되돌려 놓으라. 그리고 스스로에게 이렇게 말하라. "지금은 그 문제를 다룰 때가 아니야."

누군가와 만나기로 약속했을 경우, 10분마다 약속 장소로 가서 상대가 도착했는지를 확인하는 이는 우리 중 아무도 없을 것이다. 해결되지 않은 문제와 약속을 잡은 경우에도 마찬가지여야 한다. 문제와 회의를 갖기로 정한 시간 전에 여러 번 그 문제에 인식이 방문하게 할 필요가 없다는 의미다.

해결되지 않은 문제를 다루기 위한 약속을 정하고 인식을 마음속에서 통제하는 능력을 발휘하는 것, 이것이 마음속 논쟁을 피할 수 있는 열쇠다. 약속 시간이 되면 인식을 잠재의식 속 해결되지 않은 문제로 이동시키고 그 문제를 해결하는 과정을 시작하라.

마음속 논쟁과 관련해 명심해야 할 부분이 하나 더 있다. 스승님이 남긴 "에너지는 인식이 향하는 곳으로 흐른다"라는 말을 기억하는가? 우리의 에너지는 잠재의식 속에 있는 미해결된 감정적 경험으로 인식이 향하는 걸 우리가 허락할 때마다 그곳으로 흐른다. 미해결된 감정적 경험은 에너지가 그곳으로 흐르면 강화되고, 그 감정이 머무는 잠재의식 속의 패턴은 인식이 그곳으로 향할 때마다 더 많은 감정을 공급받아 점점 더 강력해진다.

인식을 통제하는 능력이 커지면 해결되지 않은 채로 남아 있는 마음속 문제를 언제 어떻게 다룰 것인지에 대한 선택권을 더 많이 갖게 된다. 인식을 통제하는 데 능숙해질수록 여러분은 마음속 논쟁을 훨씬 더 적게 경험하고, 더 좁고 깊은 평안한 삶을 살게 될 것이다.

나가며

그럼 여기서 어디로 가야 하나요?

지금으로부터 27년 전, 스승님은 마음의 내적 작용에 대한 깊은 통찰을 내게 가르쳐주었다. 스승님과 내가 속한 종파 의 수도승들 사이에서 2000년 이상 전해져 내려오며 오랜 세월에 걸쳐 검증된 바 있는 가르침이었다.

그 가르침의 단순함과 실용성, 깊이가 가져다주는 능력을 알아차린 이들의 삶은 절대 예전과 같지 않다. 나도 그들 중 하나다. 나는 그 가르침에서 매우 깊은 영향을 받아 좁고 깊 은 삶을 살게 되었다. 그러니 어떻게 이 가르침을 다른 이들 에게 공유하지 않을 수 있겠는가?

내가 이 책을 쓴 목적은 나와 많은 사람들의 삶을 변화시킨 그 가르침을 여러분 또한 경험할 수 있게 하는 것이다. 그런데 아무리 깊이 있는 가르침이라 해도 우리가 그것을 이해하지 못하거나 올바르게 적용하지 않는다면 아무 쓸모가 없다. 이제 여러분은 이 책에서 읽고 배운 것을 이야기하는 방향을 택할 수도 있고, 그 가르침을 삶에 적용해 변화를 직접 경험하는 방향을 택할 수도 있다. 선택은 여러분 자신의 몫이다.

"그럼 여기서 어디로 가야 하나요?"

어쩌면 여러분은 이렇게 물을지도 모르겠다. 어디로 가야 할지 고민될 때마다 이 책에 담긴 가르침을 이해하기 위해 노력하라. 읽고 또 읽으라. 그것들이 여러분 자신의 모든 세포에 스며들게 하고, 삶의 모든 측면에 적용되게끔 하라. 그리고 가장 중요한 것은 이것이다. 실천하고, 실천하고, 또 실천하라! 우리가 인식을 통제하는 방법을 배우는 이유는 줍고 깊은 삶을 살고 싶기 때문이고, 그 삶이 우리에게 가져다주는 변화를 사랑하기 때문이다.

삶에서 그 가르침을 실천해나가면서 스스로를 너그럽고 인내심 있게 대하라. 공사 중인 건물처럼 여러분 자신도 아직 진행 중이라는 사실을 잊지 말라. 엉망인 부분이 있어도 괜찮다. 느리지만 확실하게 목표를 향해 나아가고 있는 한 말이다.

우리에겐 삶이라는 가장 큰 선물이 주어졌다. 이 책의 내용은 우리가 좁고 깊은 삶을 살게끔 우리를 도와줄 것이다. 인식과 마음에 대한 이해와 인식을 관리하는 능력은 우리가 우리 자신에게 줄 수 있는 위대한 선물 중 하나다. 이 선물을 삶에 적용해 좁고 깊게 살다 보면 기쁨, 행복, 만족 등을 경험할 수 있지만, 가장 중요한 결과는 바로 '자기 자신을 알게 되는 것'이다.

마지막으로, 좁고 깊은 삶을 향한 길의 출발선에 선 여러분에게 데바 스승님의 말 중 하나를 남기겠다.

"자신감을 가지고 계속 나아가라!"

감사의 글

고마운 감정과 감사의 표현은 더 나은 삶을 살기 위한 핵심 덕목이다. 또한 증오, 상처, 슬픔을 해소하기 위해 거는 주문이자 주관적 마음 상태를 치유하고 자존감, 자신감, 안정감을 회복시키는 약이다.

– 데바 스승님

혼자서 이룰 수 있는 것은 없다. 언제나 공동의 노력이 필요하며, 책 한 권을 쓰려면 온 마을이 필요하다. 이 책 역시 출간 과정 동안 나를 믿고 지지해준 모든 사람들이 있었기에 탄생할 수 있었다.

데바 스승님, 요가스와미 그리고 이 계보를 잇는 스승님들. 지난 5대에 걸쳐 저와 제 가족에게 무조건적인 사랑과 지혜, 지도를 베풀어주셔서 감사합니다.

내 출판 대리인 앨리스 마르텔. 모든 것은 이 여정의 초입부에 당신이 보여준 믿음에서 시작되었습니다. 이 일이 실현될 수 있게 해주셔서 감사합니다.

내 편집자 아드리안 자크하임. 이 일을 믿고 제 선택을 대담히 지지해주셔서 감사합니다. 당신은 제게 큰 용기를 주었습니다.

포트폴리오와 펭귄랜덤하우스 팀. 보이는 곳에서, 그리고 보이지 않는 곳에서 애써주신 모든 일에 감사합니다. 여러분의 노력 덕분에 이 책이 세상에 나왔고, 많은 이들의 삶을 향상시키고 변화시키고자 하는 이 책의 사명을 실현할 수 있게 되었습니다. 여러분 모두에게 대단히 감사한 마음을 갖고 있습니다. 특히 애니 고틀리브에게 특별한 감사를 전합니다.

제임스 랜디스, 마이클 루첸키르헨, 로버트 반 데르 푸튼, 레이기 토마스. 데바 스승님과 제가 일궈온 일을 믿고 응원해주셔서 매우 영광으로 생각합니다.

사다카 하라난디나타와 사다카 테자데바나타. 나의 수도원 형제가 되어주고 그동안 내게 꾸준한 애정과 믿음을 보내준 것에 감사합니다.

멋진 우리 팀원들(마릴린, 예미, 데이비드, 이초, 알렉스, 조지). 내가 이 책의 집필에 몰두해 있는 동안 모든 일을 순조롭게 처리해줘서 고맙습니다. 여러분 한 명 한 명에게 너무나도 감사한 마음입니다.

나의 어머니, 당신의 한없는 사랑과 지원 덕분에 제가 이곳에 이를 수 있었습니다. 당신의 사랑은 제가 앞으로 가는 곳에 영원히 함께할 것입니다.

내 딸 미낙시. 내게 사랑을 표현해주고, 매일 커다란 기쁨을 주고, 부르면 다가와주고, 인식과 마음에 대해 쓰는 데 영감을 줘서 고마워.

내 아내이자 가장 친한 친구인 타티아나. 내게 엄청난 사랑과 인내를 기울이고 언제나 내 최고의 후원자가 되어줘서 고마워. 당신의 지속적인 지원과 격려가 없었다면 이 책을 완성하지 못했을 거야. 내 삶에 있어 당신은 크나큰 축복이야.

좁고 깊게 산다는 것에 관하여

초판 1쇄 인쇄 2024년 8월 9일
초판 1쇄 발행 2024년 8월 21일

지은이 단다파니
옮긴이 이소영
펴낸이 최순영

출판2 본부장 박태근
W&G 팀장 류혜정
디자인 이세호
사진 liam-nguyen, parrish-freeman

펴낸곳 ㈜위즈덤하우스   **출판등록** 2000년 5월 23일 제13-1071호
주소 서울특별시 마포구 양화로 19 합정오피스빌딩 17층
전화 02) 2179-5600   **홈페이지** www.wisdomhouse.co.kr

ISBN 979-11-7171-264-9 03320